国家社会科学基金重大项目"21世纪俄罗斯马克思主义研究（20&ZD11）"和"当代俄罗斯哲学研究（18ZDA018）"的阶段性研究成果

FULANKE
RENDAO ZHUYI ZHEXUE SIXIANG
YANJIU

# 弗兰克
# 人道主义哲学思想研究

丁海丽　著

长春出版社

全国百佳图书出版单位

**图书在版编目（CIP）数据**

弗兰克人道主义哲学思想研究 / 丁海丽著. -- 长春：长春出版社，2024. 12. -- ISBN 978-7-5445-7807-3

Ⅰ. B512.5

中国国家版本馆 CIP 数据核字第 20256UK341 号

**弗兰克人道主义哲学思想研究**

著　　者　丁海丽
责任编辑　孙振波
封面设计　楠竹文化

出版发行　长春出版社
总 编 室　0431-88563443
市场营销　0431-88561180
网络营销　0431-88587345
地　　址　吉林省长春市朝阳区硅谷大街7277号
邮　　编　130103
网　　址　www.cccbs.net

制　　版　荣辉图文
印　　刷　三河市华东印刷有限公司

开　　本　170毫米×240毫米　1/16
字　　数　165千字
印　　张　11.75
版　　次　2024年12月第1版
印　　次　2025年6第1次印刷
定　　价　80.00元

# 目 录

# 导 论

谢·路·弗兰克（Семён Людвигович Франк，1877—1950）是俄国白银时代著名哲学家之一，曾被当代西方评论家誉为"19 世纪末到 20 世纪初上半叶最有影响的俄国思想家"；同时代思想家帕格森（Бергсон）称"弗兰克不仅是一个成熟的哲学家，而且是一个具有自然风格的作家"[①]；列维茨基（С. А. Левицкий）在其《俄罗斯哲学史》中指出，"弗兰克应与洛斯基（Николай Онуфриевич Лосский）和别尔嘉耶夫（Н. А. Бердяев）齐名并占有特殊的位置，他理应被称为俄国最深邃和最具有独创性的思想家"[②]；司徒卢威（П. Б. Струве）在纪念弗兰克的文章中指出，"弗兰克所阐释的一切——他的认识论和形而上学体系、社会哲学概论、论普希金（Пушкин）的精彩文章——几乎是 20 世纪俄国思想所创造的最完美之物"[③]。苏联解体后，弗兰克成为当代俄罗斯最受关注的哲

---

① П. Б. Струве. К юбилею Семена Франка. Русское Христианское Движение№121. Париш-НьюЙорк-Москва. 1977г，стр. 131.

② С. А. Левицкий. Очерки по истории русской философиии［М］. Москва. 1996г. стр. 352.

③ П. Б. Струве. К юбилею Семена Франка. Русское Христианское Движение№121. Париш-НьюЙорк-Москва. 1977г，стр. 131.

学家之一①，其作品多次再版，其思想也成为当代俄罗斯思想家关注的理论焦点。

弗兰克于 1877 年出生在一名犹太医生的家庭，其父亲在俄土战争（1877—1878）期间因表现英勇受到嘉奖并获得了贵族封号。1882 年父亲去世后，外祖父罗西亚斯基（М. М. Россиянский）对弗兰克的思想产生了重要影响。罗西亚斯基不仅是研究犹太神学、犹太教和塔木德的行家，而且对 19 世纪政治史颇有研究，他经常引导弗兰克研读《圣经》，并带他去教堂。弗兰克在回忆录中写道："我小时候并未受过正规教育，外祖父是我的第一位启蒙老师。家里的大量犹太教书籍培养了我广阔的视野，教堂孕育出令我享用终生的宗教情感。"②

1887—1892 年，弗兰克在莫斯科拉扎列夫斯基东方语言学院（Лазаревский институт восточных языков в Москве）的中学学习。1892—1894 年，弗兰克进入诺夫哥罗德（Новгород）的一所著名中学学习。也正是在这一时期，继父扎克（В. И. Зак）对弗兰克的思想产生了重要影响。扎克是一位流亡的民粹派分子，深受拉甫罗夫（П. Л. Лафров）、米海洛夫斯基（Н. К. Михайловский）等民粹主义者思想的影响，他指导弗兰克大量阅读米海洛夫斯基、杜勃罗留波夫（Н. А. Дубровиков）、皮萨列夫（Д. И. Писарев）和拉甫罗夫等人的著作，还向弗兰克介绍俄国革命民主党人的思想。正是在扎克的影响之下，弗兰克参加了马克思主义小组，第一次接触并阅读了马克思（Маркс）的《资本论》，受到马克思主义政治经济学的强烈吸引。司徒卢威对此解释道："信仰在他（弗兰克）身上消失了，与他的许多同时代人一样，事实上，弗兰克在很短时间里，受到马克思主义、它的科学形式，它的客观

---

① 1999 年俄罗斯哲学学会曾就人们最关注的 20 世纪俄罗斯哲学家和哲学著作做过广泛的社会调查，其中谢·弗兰克获得 161 票，名列第九。参见安启念. 俄罗斯向何处去：苏联解体后的俄罗斯哲学 [M].北京：中国人民大学出版社，2003：18.

② Ф. Буббайер. С. Л. Франк жизнь и творчество русского философа. 1877—1950. [M].М.：РОССПЭН，2001г, стр. 17.

主义，使道德—政治理想服从于某种内在客观的、仿佛是宇宙的、社会存在原则的追求的强烈吸引。"①

1894 年，弗兰克就读于莫斯科大学法律系，开始深入研究马克思主义政治经济学与社会主义问题。1899 年，他因为参加革命活动而被驱逐出境两年。1899 年末至 1901 年初，弗兰克在柏林期间经常旁听席美尔（Г. Зиммель）的课。1900 年，弗兰克撰写了第一部著作《马克思的价值理论及其意义》。回国后，弗兰克积极参与哲学活动和社会政治活动，参与编辑政治周刊《北极星》和《文化自由》。

1901 年，弗兰克在喀山大学通过了国家考试，他开始转向唯心主义。除了自身对内在精神世界的执着追求，还有一个人无疑发挥了精神催化剂作用，这个人就是他的终生朋友司徒卢威。司徒卢威深刻影响了弗兰克，推动他重新诠释马克思主义，使弗兰克成为一名不折不扣的"合法马克思主义者"②。

尽管弗兰克受到马克思政治经济学与社会理论的强烈吸引，但在世界观层面，他并不认同唯物主义思想。他先是受到尼采（Фр. Ницше）哲学的影响，因为"尼采向他展现了精神的实在性、我灵魂中奥秘的实在性"③。弗兰克的第一篇哲学文章就与尼采的哲学思想紧密联系在一起（《弗·尼采和对远人的爱》，1902），这篇文章后来被收入到《唯心主义问题》（1902）文集中。弗兰克高度评价了尼采学说的价值与意义，认为尼采赋予他的道德哲学以新的基石、赋予他以形而上学的观点审视世界并引导他拒绝俄罗斯知识分子之中的科学实证主义："我成为'一名唯心主义者'，不是康德意义上的，而是唯心主义—形而上学意义上的唯心主

---

① Н. А. Струве. К юбилею Семена Франка. Русское Христианское Движение№121. Париш-НьюЙорк-Москва. 1977г, стр. 131.

② Ф. Буббайер. С. Л. Франк：жизнь и творчество русского философа. 1877—1950. [М]. М.：РОССПЭН, 2001г, стр. 29.

③ Г. Е. Аляев1, А. С. Цыганков. Семён Людвигович Франк：жизнь и учение. ВестникРУДН. Серия：ФИЛОСОФИЯ. 2019г. Т. 23. №2.

义者……"①

1903—1908 年期间，弗兰克又受到新康德主义（неокантианство）强烈的影响，尤其是席美尔、文德尔班（В. Виндельбанд）和瓦·舒普（В. Шупп）思想的影响。新康德主义对弗兰克哲学思想的影响体现在他的《新康德主义的神话哲学》（1925）一文中。此外，弗兰克在一定程度上还受到新费希特哲学（неофихтеанству）和社会心理学的强烈吸引。

1903—1906 年，弗兰克参加了司徒卢威创办的《解放》（国外）、《北极星》和《自由与文化》（1905—1906）杂志的工作，出席了立宪民主党第一次代表大会，但是他很快退出了政治舞台并开始从事专门的学术研究。从 1903 年起，弗兰克先后翻译了文德尔班的《前奏曲》，卡·费舍尔（К. Фишер）的《新哲学的使命》、奥·库尔佩（О. Кюльп）的《哲学概论》、胡塞尔（Э. Гуссерль）的《逻辑研究》和尼采的《人性的，太人性的》等著作。

1907 年，弗兰克参加了圣彼得堡宗教—哲学协会的工作，与司徒卢威共同编辑出版《俄罗斯思想》（1907—1918）杂志。1908—1912 年，弗兰克又受到威·施特恩（В. Штерн）和歌德（И. В. Гёте）的思想的影响，他曾撰写了一篇《哥德与精神文化问题》（Путь，№35）的文章。在抛弃新康德主义之后，弗兰克开始研究建基于超理性万物统一基础上的存在的原初直觉，这种直觉主义通过"活知识"而被揭示出来。弗兰克的直觉主义认识论主要体现在《知识对象：论抽象知识的本质与限度》（1913—1914）一书中。

1912 年起，弗兰克担任彼得堡大学副教授，同时受聘的还有洛斯基、韦坚斯基（Ветенский）和拉普申（Лапшен），他们共同在贝斯图热夫女

---

① Ф. Буббайер. С. Л. Франк: жизнь и творчество русского философа. 1877—1950. [М]. М.: РОССПЭН, 2001г, стр. 44.

子学院任职，被称为"四套马车"①。1916 年，弗兰克以《人的灵魂》（1917）一文通过了博士论文答辩。

1917 年，弗兰克任萨拉托夫大学新成立的历史语言学系教授和系主任。1921 年，举家迁到莫斯科。在莫斯科期间，弗兰克积极参与别尔嘉耶夫创办的自由精神文化学院（Вольная академия духовной культуры）的工作，同时在莫斯科大学任教。1922 年，弗兰克出版了《社会科学方法论概论》和《哲学概论》两部著作。同年，他被捕并离开苏联。

1922—1937 年，弗兰克主要居住在柏林（Берлин）。1930—1933 年，执教于柏林大学。正是在柏林时期，弗兰克发现俄罗斯文化与德国文化之间的思想近源性，他因此称德国是自己的"第二故乡"。他还在《哲学人类学视域下的德国文化》（Путь，№15）一文中简明扼要地阐释了俄罗斯文化与德国文化之间关系的近源性。在此期间，弗兰克积极开展学术活动，曾在别尔嘉耶夫创办的宗教和哲学学院、俄罗斯科学院（1932年担任该学院院长）任教，并与苏联积极合作，先后在康德学会德国（Германия）分会发表演讲，随后访问意大利（Италия）、塞尔维亚（Сербия）、保加利亚（Болгария）和荷兰（Голландия）等国。

弗兰克于 1927 年参加了在波兰（Польша）举行的哲学代表大会和 1934 年在布拉格（Праг）举行的世界哲学大会（Всемирный философский конгресс），并在大会上作了《哲学与生命》（Путь，№45）的主题报告。弗兰克在 1920 年与舍勒（М. Шелер）关系密切，并专门撰写了一篇论述舍勒思想的文章《马克斯·舍勒》（Путь，№13）。1930 年，他与弗·海勒（Ф. Хайлер）保持着密切的交往。

1929—1930 年，他曾与爱因斯坦（А. Эйнштейн）保持通信。1933 年，德国民族社会主义者上台后，弗兰克的学术活动停止了，鉴于自身的犹太人身份，他几经辗转，最终在 1937 年从柏林来到法国。在第二次

---

① 雷永生.东西文化碰撞中的人——东正教与人道主义［M］.北京：华夏出版社，2007：316.

世界大战期间，弗兰克与家人居住在法国（Франция）南部，并继续自己的创作活动。1945年后，弗兰克与妻子来到英国（Англия），并与女儿娜塔莉亚生活在一起。弗兰克在生命的最后时期创作了两部著作《黑暗中之光》（巴黎，1949）和《实在与人》（巴黎，1956），1950年因肺癌病逝于伦敦。

　　作为一个思想敏锐而严谨的哲学家，弗兰克一生笔耕不辍，著作颇丰，除上面提及的代表性文本之外，其主要著作还有《社会科学方法论概论》（1922）、《俄罗斯的世界观》（1926）、《社会的精神基础》（巴黎，1930）、《不可知物》（巴黎，1939）、《П. Б. 司徒卢威的传记》（纽约，1956）、《论普希金》（慕尼黑，1957）、《上帝与我们同在》（1964）、《在右的或左的一面》（巴黎，1972）等。弗兰克的具有代表性的哲学学术文章和政论性文章主要有：《马克思主义的基础》（1926）、《俄国革命的宗教历史意义》（1967）、《关于俄国革命的思考》（1923）、《政治与精神：论北极星的纲领》（1905）、《虚无主义的伦理学》（《路标》，1909）、《De profundis》（《从深处》，1918）、《偶像的毁灭》（巴黎，1924）、《生命的意义》（巴黎，1926）和《社会生活的宗教基础》（1925）等等。透过弗兰克作品的名称，我们不仅可以洞悉其动态而曲折的思想转折与艰苦的精神探索之旅，还可以发现人的问题是贯穿其一生研究的核心问题。

　　俄国著名哲学史家尼·洛斯基指出，弗兰克在本体论、认识论、伦理学和社会学等领域都取得了重要的理论成果，对于这样一位"多声部"的哲学家，本著作从新精神哲学的视角对其思想展开研究。

# 第一章　弗兰克的新精神哲学概念及其精神实质

新精神哲学，是俄罗斯帝国晚期最后二十余年复杂、剧烈的社会变迁和思想冲突中出现的文化思潮，是现代俄国思想嬗变的又一次精神突破。俄罗斯帝国的现代化转型从彼得大帝时代算起，已有近两百年历史，俄国思想界早在 19 世纪就已经进入西欧近代思想的脉络。1861 年沙皇政府在经济领域进行改革的同时，还在地方行政、司法制度、教育体制以至军事体系等领域进行了大刀阔斧的改革，但是，俄国知识界对国内的政治状况以及俄国作为现代国家在国际政治格局中的地位不满，思想界极度分化，各种社会主张层出不穷，精神状况更是不可同日而语。总体来看，19 世纪末至 20 世纪初俄国知识界大致有三种思想趋势：民粹主义、马克思主义和自由主义。

崇尚新精神哲学的知识分子属于自由派阵营，产生于 20 世纪初期，以梅列日科夫斯基（Д. С. Мережковский）、别尔嘉耶夫（Николай Александрович Бердяев）、罗赞诺夫（Василий Розанов）、吉皮乌斯（З. Н. Гиппиус）为代表的哲学流派，他们批判历史上的基督教及其基督教的历史，力图更新基督教、文化、政治、社会生活和个人生活，即试图在西方派与斯拉夫派思想对立的基础之上创建出具有新的精神导向的哲学思想。但是，在新精神哲学阵营中，除"新精神哲学"这一术语之外，新精神哲学代表们还采用另一些概念来标榜自己的观点，如"'新基督教'（неохристианство）、'新唯心主义'（новый идеализм）、'神秘主义的现实主义'（мистический реализм）、'先验人格主义'（трансцендентный индивидуализм）等等"①。这些形形色色的称谓，既是那个意识形态极端复杂时代的历史缩影，也是知识分子们内心精神追求的动态体现。尽管新宗教意识代表们的称谓形形色色，但其实质上是自由主义知识分子"探求经历危机时代的个人生活与世界生活的意义，力图在基督教复兴的基础上建构'新文化'和'新社会性'的愿望与反对世俗主义的（'在节日里去教堂并完成仪式……'）与历史上基督教（撒旦的酷刑、迫害、东正教与专制的勾结）的斗争联系起来"②。

因此，新精神哲学不是基督教内部的神学思潮，而是关于人性与文化的新思想探索。这场精神文化复兴运动的基本宗旨是价值中心从外部向内部的转变，是思想从表面向深处的探索。他们感到了一种思想创造力的解放——从外在的社会性和功利主义的压迫下解放出来；他们仿佛发现了另外一个世界，拥有了另一种存在标准，这就是人的内在精神世界。他们相信，我们只有在摆脱了内在奴役的时候，才能摆脱外在压迫，他们主张，要靠天上的北斗星指路，而不是只靠地上的指南针。如弗兰克所说："不要在地上寻找自己的路标，这是一片无边的汪洋，这里进行着无意义的波浪运动和各种潮流的撞击，——应当在精神的天空寻找指路明星，并向着它前进，不要管任何潮流，也许还要逆流而上。"③ 从总体上来看，新宗教意识代表们试图在更新基督教的基础上创建一种新文化观，祈望这种新文化观不但能解决俄罗斯社会面临的文化危机问题，而且能够解决世界文化危机问题，最终使人获得一劳永逸的安身立命

---

① Под ред. М. А. Маслина. Русская философия：Энциклопеди［М］. М：АЛГОГОРИТМ. 2007г. стр. 542.

② Под ред. М. А. Маслина. Русская философия：Энциклопеди［М］. М：АЛГОГОРИТМ. 2007г. стр. 543.

③ С. Л. 弗兰克. 俄国知识人与精神偶像［М］. 徐凤林，译. 上海：学林出版社，1999：122.

之本。

## 第一节　弗兰克的新精神哲学概念

从俄罗斯文化史和思想史的视角来看，梅列日科夫斯基率先提出了"新宗教意识"（новое религиозное сознние）概念，并在后期的一系列著作中不断深化新宗教意识主题。正是在梅列日科夫斯基新宗教意识概念的基础上，弗兰克提出了对新精神哲学概念的理解及其基本主题。

### 一、梅列日科夫斯基的新精神哲学概念

国内外学者一致认为，梅列日科夫斯基在 1901—1903 年的彼得堡宗教—哲学会议上首先提出了"新宗教意识"这一概念。因此，为了更好地把握梅列日科夫斯基的新精神哲学概念及其理论主题，对 1901—1903 年彼得堡宗教—哲学会议上，梅列日科夫斯基就这一历史主题与其他知识分子们的争论进行宏观梳理和系统把握，无疑有助于我们进一步地了解梅列日科夫斯基的新宗教意识概念。

梅列日科夫斯基提出新宗教意识概念及其思想的主要原因，他发现基督教，尤其东正教因教条主义、保守主义及其禁欲主义等因素的影响，对现实生活的影响日趋减弱，无力发挥凝聚俄罗斯民众世界观的精神作用，也无力对抗俄罗斯社会日益强劲的革命思想倾向，更无力完成俄罗斯民族伟大复兴的历史使命。因此，他在批判基督教基础上提出了革新基督教的思想政治主张。

梅列日科夫斯基指出，历史上的基督教及其教会早已过时，已经成为基督教福音的一种片面表达，因为它已无法把"关于尘世的真理"和"关于肉体的真理"容纳进来，基督教成为禁欲主义的基督教。为了使基督教能够关照并回应社会现实生活，他提出，应该有那样一种新精神哲学：从今往后，一个在全世界历史上不仅有关精神，而且有关肉体，不

仅有关天空，而且有关大地的真理，应该大白于天下了。

与此同时，教会知识分子也感知到东正教在人民现实生活中的地位降低，以及革命思潮频繁爆发将导致难以预料的后果。为了提高东正教在人民现实生活中以及社会生活中的作用，教会知识分子也都对东正教及其教会不满，提出了革新东正教的思想政治主张。从历史上来看，东正教是在拜占庭帝国皇权统治下产生的，并且与帝国政权紧密结合在一起，成为帝国政权的精神统治工具。这不仅表现在拜占庭帝国皇帝登基时，东正教会都要为皇帝举行登基涂圣油仪式，表示皇位是神授的，而且还表现在教会把受过登基涂圣油仪式的皇帝视为神授的超凡人的代表，即特殊的神圣者、"上帝选民"的代表、神在人间的代表和教会的最高领袖。教会必须绝对听命于皇帝，完全依附于世俗政权。正如马克思所说，东正教不同于基督教其他教派的特点就在于国家与教会、世俗生活与宗教生活混为一体。1453 年，拜占庭帝国灭亡后，拜占庭的东正教首脑就为俄国沙皇所取代，沙皇接受了拜占庭的东正教王冠，并被视为统一东正教帝国的直接继承者。在沙俄帝国东正像在拜占庭帝国一样，东正教会直接受制于沙皇，完全依附于沙俄世俗政权。东正教作为沙俄封建主义的思想体系始终美化和神化统治阶级政权，而且彼得大帝还取消了东正教会对皇权的独立地位，废除牧首制，设立东正教事务管理局，局长由沙皇指派，将教会置于沙皇直属官吏的监督下，在局长下设立"主教公会"，实行教会集体领导，东正教会成为沙俄帝国机器的一个组成部分，使神职人员成为沙俄政府的附庸，使教会置于沙皇直接监控之下。正如马克思所指出的"东正教会变成了国家的普通工具，变成了对内进行压迫和对外进行掠夺的工具"①。

在"伟大的改革时代"，教会改革成为重要的问题。那个时期的人们突然意识到，教会改革应该与社会改革同步进行，这种思想主要反映在

---

① 马克思，恩格斯.马克思恩格斯全集（第 10 卷）　[M].北京：人民出版社，1998：141.

卡特科夫（Михаил Никифорович Катков）和伊佐诺夫·普拉托诺夫
（А. М. Иваноцов Платонов）的思想中。1858 年卡特科夫在给国民教育
大臣的信中写道："令人不无担忧地看到，在俄罗斯人的思想中，宗教新
区正在日益淡漠，一些人想要将最崇高的兴趣与有教养的俄罗斯上流社
会的活跃思想、生动语言阻隔开，这些障碍造成了上述恶果。……在我
们这里，宗教和教会的全部利益都建立在这种强制的阻隔之上，阻隔是
宗教衰落的主要原因，宗教衰落破坏了俄罗斯的思想和我们的全部
教育。"①

　　不仅教会外人士对东正教不满，而且教会人士及其部分知识分子也
对东正教及其教会颇有微词。莫斯科都主教菲拉列特也不希望维持现存
的制度，但是他担心从上层进行改革，世俗政权必然要共同参与和协同
行动，实际上是摆脱世俗政权的控制。因此，他认为做一些细小的改革，
而不是制定庞大的计划，因为"在须经官方审批的制度下，致力于重建
主教间的相互'协商关系'，并以这种方式重建主教团不可分割的有机统
一，这比仓促进行整体改革更具有可行性"。

　　伊佐诺夫·普拉托诺夫在《东正教文化评论》（1860—1891）的发刊
词中阐明了创办杂志的宗旨："促进在俄罗斯社会唤起对宗教需要和宗教
问题的关注，介绍经验，或者至少在东正教信仰允许的范围内，提出宗
教学在显示方面的要求，总之——这是一份使宗教界与社会、宗教学与
生活彼此接近的机关刊物。"② 可以肯定地说，伊·普拉托诺夫明确地提
出了东正教作为创造性的原则和蓬勃发展的原则，应当贯穿于全部社会
生活，即基督教不仅应当在个人生活中，而且应当在社会生活中发挥积
极作用。总之，从 19 世纪 50 年代起，所有的俄罗斯教会史家都在探讨如

① 格·弗洛罗夫斯基.俄罗斯宗教哲学之路 [M].吴安迪，徐凤林，隋淑芬，译.
上海：上海人民出版社，2006：395.

② 格·弗洛罗夫斯基.俄罗斯宗教哲学之路 [M].吴安迪，徐凤林，隋淑芬，译.
上海：上海人民出版社，2006：397.

何使保持旧传统与创造新生活的要求协调一致的问题。教规的可变性和现存主教公会的"合法性"问题，不止一次地提了出来，而且在俄国社会思想界乃至于社会各个阶层都引发了一致性的认识。

19 世纪末至 20 世纪初俄国剧烈的社会变迁，东正教会不但未能进行改革以适应俄国社会发展的精神需要，而且未能弥补历史上的分裂所带来的一系列问题。作为国家政治机构和官方意识形态的东正教及其教会成为社会各界批判和改革的对象，"必须赋予社会一种新的宗教动机，使宗教成为解决社会问题的一个富有实效的工具"①。也正是在这样的历史文化氛围下，梅列日科夫斯基与教会知识分子达成协议，于 1901—1903 年在彼得堡举行了宗教—哲学会议。这次会议围绕一系列明确的理论主题展开讨论。

第一，梅列日科夫斯基提出了肉体与灵魂关系的问题，批判东正教的保守主义与禁欲主义。从 1901—1903 年彼得堡宗教—哲学会议的思想基调来看，关于教会与知识分子关系问题的探讨得到了充分展现。杰尔纳夫采夫（В. А. Тернавцев）在《俄罗斯教会面临的伟大使命》的报告中指出，俄罗斯正面临着伟大复兴的历史使命，而这种复兴只能以基督教为土壤，因此东正教教会如果不进行更新的话，将无力完成俄罗斯复兴的伟大使命。"对整个基督教来说，这一时刻来临了。不仅要用宗教学说中的语言，而且要用事实表明，基督教所包含的，不仅仅是死后的理想，揭示基督教中关于世间的隐秘真理——关于基督国家的学说和传布基督教国家的这一时刻来到了。世俗政权的宗教使命；社会通过基督而得救——要证明这一切，现在这一时刻来到了。"② 正是在这个报告中，杰尔纳夫采夫明确提出了教会应该揭示"地上的真理"、调整国家与世俗

---

① В. А. Осикин. Религиозно‑философские собрания Москвы и Петербурга конца ХІХначала Х Х в［J］. Вопросыфилософии，2011№11.

② 格·弗洛罗夫斯基.俄罗斯宗教哲学之路［M］.吴安迪，徐凤林，隋淑芬，译.上海：上海人民出版社，2006：540.

政权之间的关系、未来的教会应该成为普世基督教会的思想。总之，杰尔纳夫采夫的报告及其提出的主题反映了协会创立的宗旨，即通过世俗知识分子和教会知识分子的共同努力革新东正教①，使之对现实生活产生影响，这就是宗教探索的全部意义，为协会未来发展方向奠定了理论基础。

在以"列夫·托尔斯泰与俄罗斯教会"为主题的第二次讨论会议上，梅列日科夫斯基做了两个报告，提出了教会与政权之间的关系、灵魂与肉体之间的关系问题。梅列日科夫斯基在《列夫·托尔斯泰与俄罗斯教会》的报告中，一方面，表达了自由阐释宗教教条和教义的基本观点。攻击圣宗教会议革除了托尔斯泰（Лев Толстой）的教籍，使教会疏远了信教之人，每一个人都有权利和资格表达自己对宗教的见解，宗教的活力就在于自由而公开的讨论，因此，他"号召重新提出圣宗教会议与教会和俄国人民的关系的整个问题"②。另一方面，梅列日科夫斯基认为托尔斯泰的思想观点，不是要否定基督教与教会，而是在寻找另外一种宗教，一种新的宗教，或者说尝试重新诠释东正教与教会，而不是全盘地拒斥和否定它。正是从这样的视角出发，梅列日科夫斯基提出了几个尖锐的问题并引发了会议参与者深入而持续的探讨："宗教事务局革除托尔斯泰的教籍是否合理？宗教事务局的开除行为是教会行为还是国家行为？"这两个问题实质上就是自彼得大帝改革后的东正教教会与政权之间的关系问题。

梅列日科夫斯基在《果戈理和马特维神父》的报告中，明确批判了历史上基督教在肉体问题上的观点，提出了肉体圣化的思想。在《果戈理和马特维神父》的报告中，梅列日科夫斯基将马特维神父塑造成一个严格遵守历史上基督教观点的神职人员，他通过自己的传统基督教观点

---

① Записки Петербургих Религиозно‐философских собраний（1901—1903гг.）[M]. М：Ресбублика. 2005г. стр. 6.

② 罗森塔尔. 梅列日科夫斯基与白银时代——一种革命思想的发展过程 [M]. 杨德友，译. 上海：华东师范大学出版社，2014：177.

深刻影响了果戈里（Николай Васильевич Гоголь），并导致其最后自杀的结局。因此，梅列日科夫斯基认为，以马特维神父为代表的历史上基督教对待肉体问题的看法是有问题的，未来的基督教应该包括肉体的圣化。也正是在这个报告中，梅列日科夫斯基提出了他的新精神哲学的一个重要主题，即灵魂与肉体关系问题。梅列日科夫斯基严厉批判了东正教的保守主义，而灵魂与肉体关系的问题也击中了教会教义思想的要害之处，是对教会及其知识分子的一次严峻的思想挑战，引发了东正教教会及其教会知识分子的强烈不满。罗赞诺夫和明斯基（Николай Минский）以及东正教中的主教、司祭等，围绕着梅列日科夫斯基的两个报告及其阐发的思想展开了激烈的讨论。

在梅列日科夫斯基的灵魂与肉体关系问题的刺激之下，教会代表米哈伊尔·谢苗诺夫（Михаил Семенов）在《论婚姻》的主题报告中鲜明地反映出教会及其教会知识分子的立场和观点。他指出，性欲只能表现在婚姻之中，其目的就是生儿育女，婚姻之外的性是罪恶且不可饶恕的。他就婚姻问题的报告，尤其对"性"的观点，引发了世俗知识分子与教会知识分子对"肉体的秘密"的激烈辩论。罗赞诺夫因不幸的婚姻经历而导致他的第二次婚姻和孩子无法得到教会的认可，即他的婚姻是不合法的，他的孩子也沦为私生子，这种独特的生活境遇使他对米哈伊尔等教会知识分子信守和宣扬的婚姻和家庭观持强烈批判的态度。罗赞诺夫明确提出，性行为本身是神圣的；在讨论性自由的时候，他否认教会具有管制结婚与离婚的权利，因为独身主义者不应该干涉他人的私生活；在如何理解肉体问题上，罗赞诺夫强烈反对教会的离婚法律。他认为，教会本身无足轻重，家庭才是他神圣的庙宇，他在夫妇、父母与子女的私生活中发现了宗教的奥秘。总体来看，教会知识分子与世俗知识分子就"灵魂与肉体"问题争论的实质是如何看待教会在社会生活中的历史作用的问题。

针对教会知识分子与罗赞诺夫的上述观点，推动梅列日科夫斯基进一步思考并补充自己"灵与肉"问题上的观点。他认为，米哈伊尔·谢苗诺夫和罗赞诺夫都把婚姻降低到生物学和生理学层面，而结婚是两个人在精神层面的结合，不是"肉体"的结合，而是"灵魂"的结合。因此，他既不同意罗赞诺夫关于私生活的观点，认为信徒的肌体对于"肉体的秘密"和个人拯救问题的解决极为重要，也更反对米哈伊尔认为性是情色的观点。

第二，梅列日科夫斯基提出了自由阐释宗教教条和教义的思想，批判东正教教条主义。在宗教—哲学会议上，梅列日科夫斯基明确提出宗教教条和教义可以进行灵活阐释的观点，他认为，教义来源于基督的重要教导，但是伴随着时代与社会条件的变化，如果不重新阐释教义则使之无法适应社会生活的需要，即"神学对于我们来讲不代表着是最后的威望，不是不容反驳的，如果它妨碍了人们走进基督，那我们认为应该废除，不要再设置障碍了"[1]。在如何更新教义上，梅列日科夫斯基坚持认为，诠释教义是非常必要的，平信徒必须参与对教义的诠释。梅列日科夫斯基的观点引发了教会知识分子的强烈不满，在不曲解教义的前提下，人们如果随心所欲地阐释教义，这直接摧毁了教会在社会生活中立足的根基。

通过对1901—1903年彼得堡宗教—哲学协会上梅列日科夫斯基所做的报告及其理论主题的分析可以发现，在他看来，以历史上的基督教为代表的旧精神哲学无法克服灵魂与肉体、个性与社会、基督与敌基督的对立，这个任务应该由新宗教意识或者说新精神哲学来完成。但是，在新宗教意识及其概念的界定上，他在报告和讨论中并没有给出明确的判断，他只不过多次谈到了"历史上的基督教"与"基督教的历史"，也正是在与上述两个概念的对比中探讨和界定新宗教意识概念与理论内涵，明确提出了"灵与肉的关系、宗教教义是否可以发展"的问题，批判了历史上基督教的禁欲主义与教条主义导致教会与社会生活的疏离。也正

---

① 郑伟红.1901—1903年彼得堡宗教哲学聚会及其影响 [J].理论探讨，2012 (1)：75-78.

是在与同时代知识分子之间的思想交流与理论对话中，梅列日科夫斯基构建新宗教意识的社会现实动机得以呈现，即反对历史上的基督教、反对世俗化运动以及世俗所理解的基督教。

梅列日科夫斯基作为俄罗斯 20 世纪初新精神哲学运动的主要倡导者之一，他从自己的知识背景和思想认识出发，提出了建立一种新的宗教意识、新的精神哲学思想，非常有代表性地反映了"俄国宗教改革者和早期的抗议者都要求在教义解释和宗教表达方面的更大自由，因此，梅列日科夫斯基被称为'俄国的路德'"①。梅列日科夫斯基吸取了其他知识分子的思想，形成并完善了自己的理论观点，这些观点后来又在一系列作品中获得了深化：在《未来的小人》中，梅列日科夫斯基谈到了文化的世俗化及其种种表现，与之相对的是东正教教会面对俄国文化的世俗上的软弱无力，与此同时，对旧宗教意识概念也逐步形成并得到了深化的认识；在《不是和平，而是剑：对基督教的未来批判》（1908）、《在寂静的深渊里》（1908）、《病态的俄罗斯》（1910）等著作中，梅列日科夫斯基进一步深化了自己的主题，即东正教教会如何通过变革才能够解决天与地、灵与肉、基督与敌基督之间的对立问题。最终，梅列日科夫斯基把新宗教意识理解为"追求彻底战胜死亡（借助于拯救与救赎的基督）；理解为将天与地、灵与肉、基督与外邦神（狄俄尼索斯、维纳斯）、基督与敌基督的调和，创造'第三约'（神人宗教）宗教，即自由的、富有生机的和完满宗教的生活"②。

## 三、弗兰克的新精神哲学概念

在梅列日科夫斯基提出新宗教意识概念之后，弗兰克率先撰写了题

---

① 罗森塔尔.梅列日科夫斯基与白银时代——一种革命思想的发展过程 [M].杨德友，译.上海：华东师范大学出版社，2014：182.

② М. А. Маслин. Русская философия: Энциклопеди [М]. М: АЛГОГОРИТМ. 2007г. стр. 542–543.

为《论所谓的新宗教意识》（1908）一文，正是在这篇文章中，他在批判梅列日科夫斯基新宗教意识概念的基础之上，提出了自己对新宗教意识内涵的理解。

第一，弗兰克承认新宗教意识概念是以德·梅列日科夫斯基为首的小艺术家团体宣告的，其中包含着"很多吸引人的并且正确的东西"，高度肯定了梅列日科夫斯基关于提出的新宗教意识概念的理论意义与现实价值。"在这种虚构的、人为编造的事件中，也有一小群以梅列日科夫斯基为首的文学家所宣扬的新宗教政治或政治宗教，这是以梅列日科夫斯基为首的一个小文学团体宣布，其中还包括其妻子吉皮乌斯和菲洛索福夫（Д. В. Философов）。"①

从理论方面来看，弗兰克指出，梅列日科夫斯基新宗教意识理论提出的最大前提是西方与俄罗斯文化的危机。19 世纪末至 20 世纪初，西方文化与俄罗斯文化进入危机状态，为化解文化危机，必须找到解决危机的有效路径。梅列日科夫斯基的新宗教意识概念实质上就是为摆脱文化危机，为重新解读和诠释基督教提供了一种新的理论路径。回归宗教文化是对的，但是对基督教的理解上，弗兰克与梅列日科夫斯基之间还存在很大的理论差异。从现实方面来看，俄国社会运动事件之后迫切需要更新精神力量。弗兰克指出，对俄国社会现实运动发展反思的结果，俄国社会需要一种新的精神力量，它能够解决俄国社会运动过程中暴露出来的各种问题。"每个人都感觉到过去几年的社会运动，不管怎样裁决它，无论如何都是真正的生活事业，现在已经结束了，或者说更确切地说，已经中断了，而且中断得如此地彻底，以至于不可能在不久的将来重新开始它；为此你需要休息，回顾自我，慢慢地，有条不紊地积蓄新的力量，不仅是外在的，也有内在的。"总之，在弗兰克看来，在真正的社会运动停止后开始宣布诗歌革命、戏剧革命和爱情革命等，所有这些都是对生命和普遍意义的追求，但是"精神生活从来没有像现在这样如

---

① С. Л. Франк. Русское мировоззрение. СПб. : Наука, 1996г. стр. 542.

此混乱，从来没有发现这么多的新问题，从来没有像现在这样激进和大胆的思想，从来没有像现在这样清楚地意识到它是一个玩具、一种乐趣、一份散漫工作、一种极度疲乏的能量"①。

弗兰克指出，梅列日科夫斯基新宗教意识概念的基本内涵包含着正确的意义。梅列日科夫斯基认为，历史上的基督教自身并没有囊括真理，它与多神教与旧约宗教相悖、敌视文化进步，他因此提出了创造"第三约"和"圣灵宗教"的必要性，这种未来的宗教应该将天与地结合起来、将迄今为止的反宗教的文化创造或者超宗教之外的文化创造神圣化、调和宗教与此世生活并最终实现神人性的进程。弗兰克认为，在梅列日科夫斯基的思维进路中，无疑包含着非常正确且迫切需要的元素，他用自己的方式表达了每个人，如易卜生（Ибсен）、尼采（Ницше）、奥斯卡·王尔德（Оскар Уайльд）和其他人都拥有的同样感受：需要摧毁旧宗教和道德二元论并代之以生活和文化的宗教奉献。② 在弗兰克看来，历史上的基督教的确存在很大的问题并且迫切需要革新，但是在革新的对象指向以及如何进行革新上，他们之间的思想分歧表现得非常明显。弗兰克认为，旧约时期上帝奴役人，应该转向新约时期的基督教，因此重新阐释基督教主要应该重新诠释新约的思想。

第二，弗兰克也批判了梅列日科夫斯基的新宗教意识观点，并在此基础上阐释了自己对新宗教意识的基本观点。弗兰克承认梅列日科夫斯基在提出新宗教意识概念及其历史上的基督教的批判上的理论贡献及其思想敏锐性的同时，也指出了梅列日科夫斯基新宗教意识思想中存在的问题。

一是弗兰克批判梅列日科夫斯基没有正确地理解新宗教意识的精神本质。弗兰克敏锐地指出，以梅列日科夫斯基为首的象征派文艺团体把新宗教意识与性的问题、戏剧的风格、神秘的无政府主义等等相提并论

---

① С. Л. Франк. Русское мировоззрение. СПб.：Наука，1996г. стр. 542.

② С. Л. Франк. Русское мировоззрение. СПб.：Наука，1996г. стр. 544.

是不对的。不仅如此，弗兰克还认为梅列日科夫斯基的新宗教意识思想中包含着"双重性"，即如果我们只关注这一新运动的主张，那么它未必会被认为不如现代文学中其他流行的新奇事物那么充满异域风格和人为性。因此，梅列科夫斯基当前以书面和口头宣布的内容，不由自主地经历了一种双重的体验。事实上，西方与俄罗斯文化的危机的深层根源是人的危机，即文化危机可以被确立为"对人的信仰的危机，即人道主义危机"①。弗兰克的观点赢得了别尔嘉耶夫的支持，在别尔嘉耶夫看来，"新宗教意识的首要问题不是性的问题，而是人道主义问题，研究人可以有两种视角：从下向上或者从上向下"②。也正是从新精神哲学的这一精神实质出发，弗兰克认为，梅列日科夫斯基及其所谓的志同道合者并没有提出"某种全新的、有活力的和独特的东西"，实质上是在复兴旧的革命民粹主义③，即在宗教意识的帮助下，他们试图恢复旧的革命民粹主义，使后者的外表焕然一新。在弗兰克看来，梅列日科夫斯基与其志同道合者所宣扬的新精神哲学实质上贯穿着浓厚的宗教革命主义思想，尽管这也是一种新的、富有生命力的和独创性的东西，会吸引许多人，但是人们也直接感受到了这一思想流派的不自然性、它的"文学性"，而且将会预见到，它将像其他时髦的造物一样，很快地、毫无结果地消失。因为"宗教革命主义是一个虚幻的幽灵，它背后不包含任何真正的精神力量，但是，这种幽灵仍然能够在短期内模糊和吸引不成熟的头脑，因此不能简单地忽视它"④。

二是弗兰克批判梅列日科夫斯基的新宗教意识理论采用了陈旧的阐释方式。弗兰克指出，梅列日科夫斯基的新宗教意识理论是在陈旧的教条主义形式中、借助于文学方式阐释和宣告的，这种僵化的形式导致他

---

① С. Л. Франк. Свет во тьме： Опыт христианской этики и социальной философии ［М］. Минск： Издательство БелорусскогоЭкзархата，2011г. стр. 48。

② С. Л. Франк. Русское мировоззрение ［М］. СПб.： Наука，1996г. стр. 546.

③ С. Л. Франк. Русское мировоззрение ［М］. СПб.： Наука，1996г. стр. 58.

④ С. Л. Франк. Русское мировоззрение ［М］. СПб.： Наука，1996г. стр. 544－545.

对宗教价值的评价、新宗教意识思想丝毫也没有动摇历史上基督教的整个非理性主义传统。在梅列日科夫斯基看来，重新评价宗教价值并不意味着否定旧教条，而是宣布新教条。在弗兰克看来，梅列日科夫斯基试图创建一个新的"圣灵宗教"，并且是在保留旧教条的基础上创建，这将不可避免地失败。因为，"一方面，是理性地创造出的一种新信仰，另一方面，这是一个有自己思考的人，不能满足于传统，为自己建立的合理创造的新信仰，这两者之间没有也不可能有中间点"①。

弗兰克认为，"最充分体现民族精神气质的俄罗斯宗教精神，一开始就固有一种对思辨性、哲学深度和可靠性的不可遏止的渴求"②，但是梅列日科夫斯基的新精神哲学思想缺乏哲学根基，这导致其新精神哲学思想缺乏理论深度。弗兰克指出，当梅列日科夫斯基企图借用旧宗教教条主义的旧酒瓶装上他的"新宗教美酒"时，他注定要失败，因为梅列日科夫斯基思想中不存在任何现实的精神力量。事实上，弗兰克敏锐地感受到梅列日科夫斯基思想中的激进革命主义情绪，正是这种情绪裹挟着梅列日科夫斯基及其追随者，导致他们在反对一种革命思想倾向的同时，助长了另一种革命思想倾向。

三是弗兰克批判梅列日科夫斯基对俄国知识分子世界观的评定。弗兰克认为，在近年来，俄罗斯激进知识分子的传统世界观出现了深刻的裂痕，尽管他在外表上似乎获得了成功，但是对于具有敏锐性的人来说，显而易见的是，他以前的活生生的灵魂已经离开了他，他仅仅是由习惯和社会意见的保守力量维持着。也正是在这种历史背景下，俄罗斯知识界的世界观迫切需要调整和更新。梅列日科夫斯基似乎遇到了一个无法彻底克服的困难，即俄罗斯知识分子世界观的矛盾性：一方面，他认为俄罗斯知识阶层是无神论的；另一方面，他又认为俄罗斯知识阶层具有

---

① С. Л. Франк. Русское мировоззрение［M］.СПб.：Наука，1996г. стр. 544.

② С. Л.弗兰克.俄国知识人与精神偶像［M］.徐凤林，译.上海：学林出版社，1999：6.

深厚的宗教性，并且无意识地信奉的信仰恰恰是他所率先提出的"新宗教意识"①。这一思想，就为梅列日科夫斯基打开了全新的、广阔的哲学政治视野。在当前政治生活事件中，梅列日科夫斯基看到了永恒宗教力量的表现，在他的眼中，政党变成上帝和魔鬼的神秘斗争，他自己的宗教从一个思想家的梦想和希望变成了他认为是俄罗斯文化发展的不可战胜的力量，从而也成为世界文化发展的不可战胜的力量。但是，在弗兰克看来，这种新宗教"土壤"，与现实政治现象之间的密切联系是通过浅薄化、庸俗化或者直接歪曲真正的宗教意识建立起来的。

针对梅列日科夫斯基把宗教与俄罗斯知识分子非理性的和反宗教的世界观联系起来的观点，弗兰克提出了犀利的批评，认为这不仅是不现实的，而且也是不可能的，更是充满矛盾的。一方面，梅列日科夫斯基把自己的事业同俄国知识分子思维中某些陈旧的思维模式，即同传统的虚无主义社会主义联系在一起，这种虚无主义社会主义现在处于完全瓦解的状态。但是，梅列日科夫斯基却忽视了这一现象，认为俄国知识分子的世界观就是如此。在弗兰克看来，要把新宗教力量注入俄国社会意识，就必须从根本上改造俄国社会意识，把它从陈旧的"知识分子"形态中解放出来。否则，俄国社会将像梅列日科夫斯基曾经寄予同样希望的官方教会一样，无法接受新宗教意识。弗兰克指出，"为了使新宗教与无神论知识分子的信仰更加接近，仅仅在俄国革命知识分子的灵魂中假设这种宗教存在于未知之中是远远不够的；为了做到这一点，有必要积极地调整宗教，使之与根本否定任何宗教之人的口味、思想倾向和信仰相结合。事实上，宗教在这里已经结束了，因为宗教只存在于外在力量和过程中以及与内在精神生活相对立的地方——在那里，任何人都没有意识到宗教的存在。'此世之岸'无法容纳和准确地表达出更高原则的创造价值，只有深入人类灵魂才能发现这种最高原则"②。

---

① С. Л. Франк. Русское мировоззрение [М]. СПб.：Наука，1996г. стр. 58.

② С. Л. Франк. Русское мировоззрение [М]. СПб.：Наука，1996г，стр. 543.

与梅列日科夫斯基的观点不同，在弗兰克看来，俄罗斯精神固有一种追求完整性、包容一切的具体的总体性、追求终极的最高价值与基础的意向，因此俄国思维和精神生活不仅在内在本质上是宗教性的，而且这种宗教性还贯穿于精神生活的一切外部领域。可以说俄罗斯精神是一种彻头彻尾的宗教精神，事实上，它除宗教价值外实际上没有其他价值。针对俄罗斯经历了一系列革命事件之后，俄罗斯知识分子的信仰问题，弗兰克进行了精确的分析，他指出，"俄罗斯知识分子的'宗教'实际上是社会信仰；俄国知识分子占统治地位的无神论者的最突出的表现，正是因为他们给社会形态和社会思想倾向添加了绝对的意义，因为在'社会'之外，他们不知道任何普遍的且自我满足的价值。在这里，与知识分子意识的和解迫使梅列日科夫斯基将宗教几乎贬低为'社会'进步的一种官方手段。无论如何，梅列日科夫斯基的宗教评价已经同政党的政治评价相吻合，以至于丧失了任何独立的意义。政治利益和政治激情掩盖了他对生活的永恒的和超经验的宗教阐释。当神或基督开始完全等同于革命运动，而魔鬼或反基督开始完全等同于反动，当信仰的全部本质只表现在行动力上，并且是社会政治的行动力，那么'上帝和魔鬼''基督和反基督者'就变成了党的党派和政党斗争的简单代号"①。

总体来看，新精神哲学思潮在其形成初期就产生了两种不同的精神趋向并具体表现为：梅列日科夫斯基夫妇与罗赞诺夫在文学领域内推动了俄国新精神哲学文化思潮的进一步发展，由此形成了新精神哲学文化思潮领域内的"文学派"阵营；弗兰克和别尔嘉耶夫从哲学家的视角出发思考与审视新精神哲学概念及其思想，不仅深化了对新精神哲学思想探讨的理论广度，更是深化了这种探讨的理论深度，由此形成了新宗教意识文化思潮领域内的"哲学派"阵营。从精神旨趣来看，前者思想的运思方向是历史上的基督教及其教会，后者认为新精神哲学的实质是人道主义问题。毫无疑问，以梅列日科夫斯基与弗兰克为代表的白银时代

---

① С. Л. Франк. Русское мировоззрение［М］. СПб.：Наука，1996г，стр. 545.

知识分子"在基本的设想、价值观和目的有所不同，但某种暂时的情绪上的亲近感被创造了出来，因为他们共享了新千年的共同方向，怀有摧毁旧秩序的共同愿望"。他们从不同的立论基础和思想认识出发阐释新精神哲学概念及其理论内涵，极大地拓展了新精神哲学概念的外延与内涵，打开了新精神哲学精神内涵的理论扇面与思想仰角。由于这一运动自身包含着新的精神祈向，也被称为"新精神哲学运动"，它将俄国宗教哲学推上世界思想文化舞台，成为俄罗斯民族一朵文化奇葩。

## 第二节　弗兰克对旧精神哲学的批判

在"新精神哲学"这一共性的称谓之下，新精神哲学代表们各自寻求着思想的尖锐性与独特性，但是，他们的思想体系构建的共同逻辑起点是批判旧精神哲学。新精神哲学代表们"对世俗化（非宗教化）文化、国家与社会生活、敌视个性、'僵死的'基督教、一部分知识分子精神价值的肤浅特征深感不满，与此同时，对个人信仰的渴望、世俗的与不信教的知识分子中对个体与世界生活中的意义的探求"[①]。总体来看，在新精神哲学运动出现之前，新精神哲学代表们普遍对东正教不满。与此同时，他们认为历史上的基督教、民粹主义、唯物主义、西方与俄国社会流行的文化世俗化倾向和虚无主义等思想是折磨和影响人们世界观的旧精神哲学。这一运动的共同参加者，继承和发扬了陀思妥耶夫斯基（Фёдор Миха'йлович Достое'вский）、托尔斯泰和索洛维耶夫（Владимир Соловьев）的宗教哲学思想遗产，主张精神价值平凡，他们将思想目光与价值重心由外在而转向内在，激发和点燃了宗教之火，"出现了对宗教、形而上学和伦理学唯心主义、美学和民族思想的兴趣，总

---

① М. А. Маслин. Русская философия: Энциклопеди［М］. М: АЛГОГ0РИТМ. 2007г. стр. 542－543.

而言之，出现了对各种精神价值的兴趣"①。尽管新精神哲学家们观点冲突对立并且彼此之间经常互相攻击，但总体而言具有如下共性：否定传统教会神学和教会的教条意识；批判历史上的教会和历史上的基督教；倾向于诺斯替主义神学；"新基督教"或"新教会"实质是一种宗教调和主义。正是他们的思想冲撞与探索，使 20 世纪成为俄国思想史上一个精神重铸的世纪。

## 一、弗兰克批判西方文化进步论和小市民习气

弗兰克认为，俄罗斯知识分子都自觉或不自觉地经历了崇拜西方文化的历史阶段。现在，在经历了第一次世界大战和一系列俄国革命事件之后，应该重新反思西方文化，或者说，批判西方文化的偶像崇拜。

在弗兰克看来，所谓的进步论，就是"大家都相信文化和人类的文化发展，我们都曾认为，在世界上占优势的是'进步'，是人类逐步而不断的道德和理性的完善"②。也正是受到西方进步论思想的影响，尽管我们也看到了西方文化以及生活中的各种阴暗面，如利己主义、浅薄小气、小市民的庸俗和短见、大量存在的"资产阶级偏见"、对反抗资产阶级法律者的残酷镇压以及激进的民族主义等，但是，我们仍把欧洲的一切看作文化的象征：众多的学校、普遍识字、每一个工人和农民都读书看报关心政治、稳定的宪法制度、政权对公民权利的尊重、舒适的生活、便利的通信、高水平的科学知识、广泛的公开性和自尊感、爱劳动和工业财富、井然有序的公共生活等等。也正是在这样的历史前提下，我们梦想着俄国将很快成为平等成员进入和平的、精神和物质都完美的欧洲大

---

① Диакон Илья Маслов. нового религиозного сознания》（НРС）：философско-богословские аспекты русского религиозногомодернизм［J］. Христианское чтение. 2015：№4.

② С. Л. 弗兰克. 俄国知识人与精神偶像［M］. 徐凤林，译. 上海：学林出版社，1999：98.

家庭。但是，欧洲大战的爆发彻底改变了这一切，因为这场战争的长期性、残酷性和破坏性，暴露出西方文化或者说欧洲精神的深层弊病，即暴露出其毁灭的野性、手段的残酷性和战争双方的绝望与顽抗，同时证明了西方文化的劣根性，即"它表明，国际关系中的真理和正义都不过是空话，搏击场上的战争结束了，但战争的全部恶行在和平条约中延续，相互痛恨、对敌人的恐惧、对弱者的无情剥削，是欧洲国际生活的正常的自然状态；过去的同盟者对待不幸的俄国就是这样一种自私的和伪善的关系，然后人们开始明白了，这场战争就没有胜利者，这场消灭了数百万人和除了个别侵略者和强盗外所有人都破产的战争，以无结果而告终，没有得到任何成功和幸福的补偿"①。因此，我们对西方文化的进步论失去了信心和信仰，当我们走在平坦的柏油广场，看着千篇一律的高楼以及鸣叫着奔驰的汽车运载着游手好闲的贪图享乐者、贪婪的商人或因操劳而精神空虚的"能干的人"等等时，我们感觉不到任何的好，因为在这些普遍的惊慌骚乱和腐化堕落之中，没有赋予生命以精神意义和追求真正的精神复兴的特征。

此外，弗兰克还批判了西方文化的小市民习气及其劣根性。在弗兰克看来，发生在俄罗斯的种种危机状况不仅仅是俄罗斯文化的问题，其深层根源在于西方文化自身中隐含着劣质性的文化基因。"爆发于 19 世纪末 20 世纪初的社会危机不是地域性的、单一民族的现象，并且任何人都无法将这种现象（欧洲的抑或是俄罗斯的、西方的抑或是东方的）局限于民族界限之内。危机波及到各个国家和各个国家的社会生活，无论是从地缘相近性，还是从文化、经济、政治的交往和其他交往的相近性而言，它的发生都是必然的。"②

---

① C. Л. 弗兰克. 俄国知识人与精神偶像 [M]. 徐凤林，译. 上海：学林出版社，1999：100.

② C. Л. Франк. Свет во тьме: Опыт христианской этики и социальной философии [M]. Париш，1949г，стр. 35.

在弗兰克看来，西方文化中蕴含着反人道主义的因素，因为革命和战争的爆发充分证明了文化本身的问题。"就欧洲而言，欧洲部分国家的集权主义制度带给人大规模奴役，而且其奴役程度远远超过古代各个历史时期，就其残酷性而言远远超过古代奴隶制度形式、大规模的民族灭绝政策、如同对待牲畜一样对待人、恬不知耻地鄙视法律与真理——这一切已轻而易举的变为现实。"① 不仅如此，19 世纪末至 20 世纪初，世界上主要的资本主义国家都过渡到帝国主义阶段，为维护资产阶级利益，他们疯狂地发动惨绝人寰的战争，直至 1914 年第一次世界大战爆发。革命和战争期间为了理性的胜利而创造出了野蛮的疯狂，为了自由、平等、博爱而建立了可怕的专制制度，普遍的纠纷和恐怖，无意义地杀人和破坏经济生活，纵容着凶残的复仇本能。"革命的历史以千变万化的形式重复着一个如经典一样确切有规律的发展主题：圣者和英雄们，他们现身于造福人类和在世间确立善良与公正的伟大理想，结果却成为野蛮的恶魔，破坏生活，残害人类，建立了巨大的不公正和恐怖的无政府状态或野蛮的专制制度。"②

欧洲国家出现的人的危机状况迫使弗兰克陷入深思：这些人都经历过古希腊文化、基督教意识和启蒙时代人道主义思想的熏陶，为什么还会出现如此不人道的事件？在动荡不安的世界中，个体的命运如何把握，人类的命运何去何从？正是在这类哲学基本问题的冲击之下，弗兰克不断地思考人类前途命运的问题。

## 二、弗兰克批判民粹主义

毫无疑问，弗兰克曾经有过一个短暂的迷恋民粹主义的阶段。但是，

---

① С. Л. Франк. Свет во тьме: Опыт христианской этики и социальной философии [М]. Париш，1949г，стр. 35.

② 弗兰克：俄国知识人与精神偶像 [M]. 徐凤林，译. 上海：学林出版社，1999：92.

他很快受到马克思主义政治经济学和社会理论的吸引，随之抛弃了民粹主义。但是 19 世纪下半叶的民粹主义仍然是俄国社会影响最大的文化思潮之一。弗兰克指出，"他已为 19 世纪末至 20 世纪初俄国社会的信仰下了一个定义，那么'民粹主义'一词就再合适不过了。所有人都是民粹主义者——无论温和派、自由派、社会主义民粹派还是在理论上同民粹派作斗争的马克思主义者。他们都希望献身于不是上帝，甚至不是祖国，而是'人民幸福'，人民的物质富裕和文化发展。主要是，他们都相信，'人民'、下层人、劳动阶级在本质上是优秀品质的样板，是剥削和压迫的无辜牺牲品"①。

在弗兰克看来，民粹主义曾是这样一种世界观，他们感到自己对人民有罪，因为自己不属于人民，或者自己的生活条件略高于人民，在这种情况下，他们认为，赎去自己罪过只有一个办法，即献身于人民，对人民的爱、对人民之苦难的同情是民粹主义思潮的出发点。在民粹派看来，人民不幸的根源在于"坏的社会制度和罪恶的政权"，所以献身于"人民"、站到人民一边就意味着脱离"欢跃的人、空谈的人、双手染血的人"，而来到"为爱的伟大事业而献身的人"的阵营，向政权和一切人民的敌人无情地宣战，也就是说，成为推翻旧制度的革命者。在弗兰克看来，这种世界观"使一切心灵的烈火和英雄精神与自我牺牲精神的全部力量都集中于破坏之上——破坏那些生活的政治条件或社会条件，它们被视为一切罪恶的唯一源泉，是妨害俄罗斯生活之幸福与善的自然生长的唯一障碍"②。

另外，弗兰克批判了"民粹派"的政治纲领。19 世纪末至 20 世纪初，诚如列宁所说，资产阶级自由派、小资产阶级民主派和无产阶级革

---

① С.Л.弗兰克.俄国知识人与精神偶像 [M].徐凤林，译.上海：学林出版社，1999：86.

② С.Л.弗兰克.俄国知识人与精神偶像 [M].徐凤林，译.上海：学林出版社，1999：86.

命派都在纷纷制定革命纲领。但是，在弗兰克看来，尽管自由派和激进民主派具体的政治纲领不同，如民粹派否定发展资本主义并要求保留村社，马克思主义者则倡导发展资本主义和否定农村公社之有益性，尽管他们之间的理论斗争如此激烈，但是实际上各党派代表人物之间的内在精神差异很不显著，即他们都是立足于无神论基础上，他们之间的基本奋斗目标不在未来和对未来的创造，他们在灵魂深处都没有把自己作为领导事件发展的负责任的政治活动家，而在于彻底地否定过去和现在。总之，弗兰克认为，民粹派的政治纲领，其思想中的虚无主义倾向，无助于解决俄国的社会问题，并且只能带来恶果。

## 三、弗兰克批判虚无主义

在弗兰克看来，俄国知识分子世界观中最突出的特征就是虚无主义。所谓的虚无主义实质上是指否认或者拒斥绝对（客观）价值①，它不但是折磨我们社会可怖的精神灾害②，而且是俄罗斯世界观的历史形式，是俄国精神生活的一种长期病态。这种精神激进主义导致"俄罗斯精神不知道中间道路：或拥有一切，或一无所有"，"俄国虚无主义绝不单是宗教怀疑或宗教冷漠意义上的不信仰，它可以说是对不信仰的信仰，是否定的宗教。如果从另一方面来看，与其说它是对精神价值的理论否定，不如说是在实践上消灭这些价值，这显然较之冷漠的无信仰或怀疑主义要更加可怕和危险得多。无信仰或怀疑主义只会导致消极性、精神局限性和软弱无力，甚至也可能导致犯罪，却不会造成疯狂的破坏。然而，另一方面，也可以说这种否定的狂热病在一定意义上要高于冷漠的无信

---

① С. Л. 弗兰克. 俄国知识人与精神偶像 [M]. 徐凤林，译. 上海：学林出版社，1999：51.

② 基斯嘉科夫斯基等. 路标集 [M]. 彭甄，曾予平，译. 昆明：云南人民出版社，1999：42.

仰，因为它强调生命力量要重于死寂不动。俄国虚无主义中包含着热烈的精神探索——寻求绝对者，虽然在这里绝对者等于零。在虚无主义造成的我们民族不幸的日子里，我们可以得以安慰的是，俄罗斯民族所陷入的前所未有的深渊不仅证明它的迷惘，同时也证明它具有高度的精神热情。虚无主义的胜利只不过是俄国人民宗教生活的危机和过渡状态"①。

在弗兰克看来，正是陀思妥耶夫斯基最先发现了同时代虚无主义的泛滥并在现实层面表现为整个俄罗斯社会上层的消极的精神状态，尤其否认上帝的创造、上帝的世界及其意义；在精神层面表现为功利主义、实证主义等虚无主义思潮盛行，他因此借助于自己的文学作品及其所创造的文学形象而不遗余力地与之斗争。随后，索洛维耶夫也对虚无主义文化思潮进行了批判，他认为，启蒙之风在俄国文化中不但没有任何创造性的影响，而且成为一种相当危险的和导致疾病的疫苗，这尤其体现在唯物主义思潮的出现上。"当这种唯物主义教条的绝对性仍然有效的时候，就谈不上任何理智的进步。"在自然科学领域也退步了，这种自我意识的落后行为就是"虚无主义"跃进的第一结果。②

截至19世纪末至20世纪初，弗兰克敏锐地发现，俄罗斯乃至整个西方世界都弥漫着虚无主义。19世纪俄国知识分子的真正的宗教信仰经历了政治偶像、革命偶像、文化偶像以及道德理想等偶像的诱惑。现时代的悲剧性就是恶与盲目、一切日常规范与生活准则的不健全，这一切给人的灵魂造成了不可承受的压力，使它难以承受。新精神哲学家们敏锐地意识到，俄国文化因为抛弃了一切神圣之物，沉湎于无信仰之中而陷入危机。总之，弗兰克认为，俄国当时的社会，一方面是人的安身立命之本已经被彻底摧毁，另一方面是现实层面上的恶的扩展，这种社会现实引起了宗教危机，于是结果就是那些中性的、外在的旧人道主义的全

①　弗兰克.俄国知识人与精神偶像 [M].上海：学林出版社，1999：30－31.

②　格奥尔基·弗洛罗夫斯基.俄罗斯宗教哲学之路 [M].吴安迪，徐凤林，隋淑芬，译.上海：上海人民出版社，2006：353－354.

部偶像都走向毁灭，而一种重新接受永恒的生命真理的能力正在精神深处成长起来，这是摆脱宗教危机的出路。①

鉴于虚无主义对俄罗斯精神世界的危害，弗兰克对其展开了详细考察与研究。关于虚无主义的历史根源，弗兰克在《俄国革命的宗教历史意义》中指出，屠格涅夫引进这个术语，是为了说明 19 世纪 50 年代形成的俄国新的、有头脑的典型人物，这个术语是他从德国文学中借用过来用于批判 19 世纪初的理性主义，即德国感觉哲学的。俄国虚无主义的历史渊源，可以追溯到叶卡捷琳娜二世时期具有自由思想的达官显贵组织的小团体。正是贵族们具有自由思想的"伏尔泰主义"，在俄国播下了第一批虚无主义的种子，它们的根子逐渐蔓延，在俄罗斯的土壤里越扎越深。总之，虚无主义可以在实践中造成疯狂的破坏，而且它将人置于脱离现实的分裂孤独之中，使人成为"无名无姓，也不知家在何方的流浪汉"，受虚无主义侵蚀的人"只能在幻想世界里生活"，它缓慢而深刻地消解着人赖以生存和支撑下去的意义和价值。

## 四、弗兰克批判文化世俗化的思想

988 年，罗斯从拜占庭接受了基督教，史称"罗斯受洗"。"这件事立刻就决定了她的历史命运、她的文化历史道路。这件事立刻就把她纳入了确定的和已经形成的关系和影响范围中。罗斯受洗是俄罗斯精神的觉醒，是召唤她从"富有诗意的"幻想走向精神清醒和深思熟虑"②。尽管俄罗斯文化中还存在着多神教的成分，但是基督教缓慢而深刻地影响了俄罗斯人的精神世界、生活方式和思维方式等，逐渐成为俄国后来一

---

① С. Л. 弗兰克. 俄国知识人与精神偶像 [M]. 徐凤林，译. 上海：学林出版社，1999：80.

② 格奥尔基·弗洛罗夫斯基. 俄罗斯宗教哲学之路 [M]. 吴安迪，徐凤林，隋淑芬，译. 上海：上海人民出版社，2006：11.

切思想形成的宏大文化母体。

但是，伴随着彼得大帝改革引进西方技术，西方文化也日渐影响到俄罗斯东正教文化，而且这种影响在伊丽莎白女皇、叶卡捷琳娜二世的持续改革中不断强化，俄国开始了漫长的文化世俗化过程。这里所说的世俗化就是指"非宗教时代（朋霍费尔语）"，是指"社会和文化不再受宗教控制、权力和出身不再神圣化，人们放弃了玄妙的、脱离实际的世界观，建立了世俗的价值体系"①。

弗兰克很早就对俄罗斯和西方世界的思想意识进行了深刻考察，他发现，"整个社会意识都在朝着世俗化的方向发展，他自己也深受世俗化流毒的影响。世俗化时间延续的向度可以追溯到中世纪的解体、途经文艺复兴、特别是在近代的启蒙运动，哲学开始否定自己与宗教的联系，强调它不依赖于宗教和神学"②。在中世纪基督教中，上帝观念曾被对象化为人之外的绝对权威，在现实方面反而成为人的桎梏，因此，当近代人文主义和启蒙运动冲破了这一桎梏之后，也就随之产生了对人的高尚性、超越性和精神价值的威胁，尼采和弗洛伊德主义将这种威胁推向了极致。索洛维耶夫曾对西方文化这种发展态势有过精确断言，"渴望在绝对的宗教领域之外建立人类，渴望在暂时的、有限的需求领域肯定自己和建设自己，这个渴望就是整个当代文明的特征"③。使文明断绝同宗教的联系，这是西方人类意识中的重大转变和深刻的危机，最终导致了现代人在宗教之外建立自己的生活、寻找生命的意义。宗教对人的影响越来越小，甚至成为一种可有可无的东西。

西方文明的世俗化倾向，使人们丧失了宗教这个绝对中心，在我们的生活和意识中出现了如此众多的相对的、暂时的中心，而这就带来了

---

① 鲍·尼·米罗诺夫.俄国社会史（下）[M].张光翔，等译.济南：山东大学出版社，2006：342.

② 霍鲁日.西方古典人学的危机及其现状 [J].张百春，译.求是学刊，2010（2）：5－19.

③ 弗·索洛维约夫.神人类讲座 [M].张百春，译.北京：华夏出版社，2000：3.

人在精神层面的分裂。进入 20 世纪以来，欧洲文化的世俗化倾向越来越明显，弗兰克用"偶像的毁灭"来形容欧洲文化的危机。自法国大革命开始，西方文明的实质特征便明显地表现出来了，"这个文明是宗教以外的文明，它是一些在纯粹世俗的、外部的原则之上建立普世文化大厦、组织人类生活的企图，我认为，法国大革命把人权宣布为社会制度的基础，从而取代了以前的神权"①。索洛维耶夫实质上宣布西方文化世俗化发展的最终结果就是人取代了神，法国大革命所带来的结果已然证明了西方文化世俗化所带来的恶果。

西方文化逐渐偏离宗教轨道，俄罗斯文化的世俗化倾向也越来越明显。俄罗斯从西方引进的启蒙主义文化代表着世俗主义的胜利，尽管东正教依然是帝国的国教并享有较高的地位，但是它并没有在俄罗斯人的生活和文化中占据中心地位。彼得大帝通过大量成立出版社并大量出版书籍、创办学校并推行世俗教育、创办杂志和各类报纸、允许私立学校发展、建立自然科学博物馆和大型图书馆并开放等一系列文化举措，积极推动俄国启蒙运动的发展，为俄国成为一个强大的帝国建立了基础。彼得大帝的改革推进了俄国文化世俗化的进程。但是，从另一个角度来看，而且更为重要的是，彼得大帝的改革造成了俄国社会上层与下层之间的思想分裂。俄国贵族深受西方文化的影响并被彻底西方化了。"这种文化是受过教育的贵族精英的文化，有沙龙，懂法语。这种文化更多地关注优雅的文学风格和适宜的礼仪，而不是哲学和政治。然而，这种文化培养了最早的俄国近代知识分子，揭开了俄国近代文化史的第一页，为此后的发展奠定了基础。"② 但是，广大民众还基本上坚守着原来的基督教信仰。俄国社会所形成的这种内在精神的分裂所带来的巨大鸿沟，一方面，使得知识分子背上了沉重的、为俄国民众服务的精神使命。诚

---

① 弗·索洛维约夫.神人类讲座 [M].张百春，译.北京：华夏出版社，2000：3.

② 尼古拉·梁赞诺夫斯基，马克·斯坦伯格.俄罗斯史 [M].杨烨，卿文辉，译.上海：上海人民出版社，2007：267.

如别尔嘉耶夫所说，俄国知识分子都是民粹主义者；另一方面，这种精神分裂也带来了俄国社会的分裂。俄国社会的"二元"结构类型对俄罗斯未来发展道路问题产生了深远而深刻的影响。"从彼得时代起，'虔诚信教'在某种程度上被推到了社会下层，'知识分子'和'人民'之间的分裂恰恰发生在信仰领域。上层很早便被不信教或自由思想所感染和毒害。下层人在维护信仰，但通常是在迷信的习俗框架内维护的。"① 这意味着，俄罗斯精神生活发生两极分化，即教会生活和世俗生活中心之间一分为二。

面对文化世俗化，以弗兰克为代表的知识分子同世俗化的偶像崇拜进行坚决的斗争，最终掀起了一场宗教文化复兴运动。其标志性产物就是《路标》文集，它的思想宗旨是批判无神论文化的极端性，呼唤精神价值的复兴，倡导宗教文化。

## 第三节　弗兰克新精神哲学思想的人道主义精神实质

哲学从其诞生伊始，既是对世界本原的探究，也是对人生意义的形而上沉思。因此，对人和人生问题的关切与追问自始至终都是哲学研究的主题。人的外在生命与内在精神理想的矛盾，这个哲学问题在 19 世纪末至 20 世纪初并未改变，甚至变得更加迫切。"俄国魂沉湎于回答有关生命意义的该死的具体问题"（别尔嘉耶夫语），新精神哲学家们采取了宗教哲学的表达范式。与此同时，瓦·瓦·津科夫斯基认定俄罗斯哲学具有人道主义特征，俄罗斯哲学研究的主题通常是关于人及其前途命运的。

然而，人道主义却是一个复杂而多义的概念。从词源学角度来看，

---

① 格.弗洛罗夫斯基.俄罗斯宗教哲学之路 [M].贾泽林，等译.杭州：浙江人民出版社，1999：575.

humanism 一词最早出现在西方的文艺复兴时期，它最初的含义与教育有关，是指教授语法、修辞、逻辑（辩论）三科以及后来的文学、诗歌、艺术、历史、法律、哲学、伦理学等学科的教师、学者——人文主义者和上述学科——人文学（the humanism）的总称；从思想价值角度来看，文艺复兴旨在强调人的自由、理性和幸福，以此对抗中世纪时期基督教对人的本能和欲望的摧残与压抑。依据王太庆先生的观点，把 humanismus 译作人道主义，是出于我们中国人对这个词的一般理解，即"把人当人。这个想法在中国哲学中有着深远的传统，远的如孔子、孟子，近的如谭嗣同、孙中山，都是这样想的。它在中国哲学里被称为'仁'。仁的广义，即哲学意义，或本体论意义，就是所谓'仁道'，大致相当于西方人所说的 humanismus，所以人们把这个字译成'人道主义'"①。

从西方思想史视角来看，诚如阿·布洛克所说，"对人文主义、人文主义者，以及人文学这些名词，没有人能够成功地给出别人也满意的定义。这些名词意义多变，不同的人有不同的理解，使得辞典和百科全书的编纂者伤透脑筋"②。但是，在众多充满歧义的人道主义概念中，笔者倾向于这种观点，即"'人道主义'一词，最初指文艺复兴的思想主题，这是狭义的人道主义，一般也译为'人文主义'；后来泛指一切以人、人的价值、人的尊严、人的利益或幸福、人的发展或自由为主旨的观念或哲学思想"③。

从人道主义范式来看，依据马克斯·舍勒的看法，人道主义包括四种范式，即犹太教—基督教范式、古希腊范式、自然科学范式以及颓废理论的范式。由此看来，弗兰克人道主义哲学应该归属于犹太教—基督教范式，即"强调人性中的神性成分，强调人的超验性、圣洁性，对终

---

① 王太庆.人道主义的僭妄 [M].北京：国际文化出版公司.1988：1.

② 阿·布洛克.西方人文主义传统 [M].董乐山，译.北京：生活·读书·新知三联书店.1998：3.

③ 王若水.为人道主义辩护 [M].北京：生活·读书·新知三联书店，1986：219.

极意义和价值的追求"①。弗兰克认为，从基督教中引申出人道主义思想绝不是偶然的，它是由基督教的本质所决定的，因为"基督教是人的个性宗教；它道出了人的圣洁、绝对价值；它宣扬对人的信心；如果它同时令人想到人的罪恶意识，那么这种意识之所以如此沉重和紧张，就是因为罪恶状态与人的真正本质相矛盾，是对人的本质的歪曲——是它从本来的高度反常地'跌落'的结果"②。

俄国著名哲学史家津科夫斯基指出，弗兰克思想所涉及的范围极其广泛，尽管他对逻辑学、认识论、形而上学、人道主义和伦理学等领域都有深入的研究，但是其思想主旨是对人及其命运的高度关注，因此他在纪念弗兰克逝世 10 周年的文章中提出，应该永远回到弗兰克的作品，为的是寻找其中对人和生命本质的沉思和深入分析。与津科夫斯基的观点遥相呼应，弗兰克在论述俄罗斯世界观时曾经明确指出，俄罗斯的认识论和本体论是紧密联系在一起并构成本体论的一个组成部分，因此我们总是强烈地寻求这样一些形而上学问题的答案，如"究竟什么是人""人生的意义是什么""人与存在的终极原因有什么关系""怎样生活才有意义，如何从罪恶与苦难中拯救人、人民和人类的生存问题"等，始终盘踞在弗兰克思想的核心。因此，以人道主义为切入点无疑将较深入地洞悉和把握弗兰克新精神哲学思想的核心要义。

---

① 陈树林.文化哲学的当代视野 [M].北京：人民出版社，2010：186.
② 雷永生.论 C.弗兰克对人道主义思想的梳理 [J].中国青年政治学院学报，2003（3）：69－73.

# 第二章  弗兰克人道主义哲学思想的
# 生成逻辑

弗兰克人道主义哲学思想主要包括理论逻辑、历史逻辑与现实逻辑，是这三方面因素有机结合的理论产物。

从弗兰克人道主义哲学思想生成的理论逻辑来看，弗兰克既从俄罗斯传统文化中吸取营养，又从以陀思妥耶夫斯基和托尔斯泰、索洛维耶夫等为代表的俄罗斯优秀精神传统中汲取理论养分和思想精华。此外，弗兰克还积极吸取和借鉴西方哲学思想，无论是古代的柏拉图主义和新柏拉图主义，还是西方的德国神秘主义，都成为他构建理论体系的有机组成部分。

从弗兰克人道主义哲学思想生成的现实逻辑来看，19 世纪末至 20 世纪初俄国社会正陷于种种危机状态：政治上的专制统治与被压迫工人阶级和农民阶级推翻专制制度的革命、经济上资本主义的发展以及资本主义与封建主义的相互掣肘、思想文化上专制政府借助于"东正教—君主专制—民族主义"政策施行思想钳制与马克思主义和民粹主义等思潮的盛行。在弗兰克看来，较之政治危机与经济危机而言，文化领域的危机是更深层次的危机，因为战争与革命频仍带给民众的是外在命运的颠沛流离的话，那么文化危机则导致民众的内在精神危机。

从弗兰克人道主义哲学思想生成的历史逻辑来看，自彼得大帝改革后，"俄罗斯向何处去"的问题成为一代代知识分子思考的理论主题。截至 19 世纪末、20 世纪初期，关于俄罗斯未来发展道路问题仍旧悬而未决。此时活跃在俄国社会舞台上的马克思主义、民粹主义与新宗教意识代表们从各自的立论基础出发，为俄罗斯未来发展道路问题提供理论指引。正像列宁（Ленин）所总结的那样，"'我国的派别'也在异常迅速地成熟和凋谢。凡是在俄国这样迅速发展的资本主义国家的阶级结构中有着扎实基础的派别，几乎一下子就找到了'自己的位置'，探索到了同自己有血缘关系的阶级"①，这使得自彼得大帝改革以来形成的"俄罗斯向何处去"的问题变得更加充满不确定性。新宗教意识代表们"内在感受到自身需要上帝与社会生活、创作与寻找不同于右派（君主专制、民族主义）和左派（社会民主派的、社会主义等等）的'第三条道路'"②。

## 第一节　弗兰克人道主义哲学思想生成的时代逻辑

哲学作为时代精神的精华，必然同自己时代的现实世界不断接触并相互作用，这也就构成哲学思想形成和发展的特定历史条件、思想背景和时代界域，弗兰克的思想也不例外。世纪末往往意味着交界和开端，意味着思想的转折，19 世纪末至 20 世纪初正是俄国社会各个领域都发生强烈转折的时期。在弗兰克看来，这是一个人道主义危机的时代。

### 一、时代主题的研判——人道主义危机

弗兰克认为，19 世纪末至 20 世纪初的俄国社会，一方面是人的安身立命之本被彻底摧毁，另一方面是社会现实层面上的恶的扩展，这种社会现实导致人的问题成为关注的焦点。作为白银时代最富有敏锐触角和

---

① 列宁全集（第 6 卷）［M］. 北京：人民出版社，2013：365.

② Под ред. М. А. Маслина. Русская философия：Энциклопеди［М］. Москва. АЛГОГ0РИТМ. 2007г. стр. 543.

历史使命感的思想家，弗兰克不但对种种危机进行了深入思考，而且将理论触角深入文化领域。他认为，世界和俄国社会所出现的种种症状根源在于文化危机，但他并没有停留在对文化危机进行感性描述和理性诊断的层面，而是对文化危机的实质进行了更深入的思考。最终，他认为，文化危机可以被定义为"对人的信仰的危机，即人道主义危机"①。别尔嘉耶夫也得出了相同的结论，"现代世界正在经受比社会危机更深的人的危机。……世界正在发生非人道化的剧烈过程"②，人的问题是当代意识的中心问题③。弗洛罗夫斯基也认为，我们的时代精神沦丧了，人陷入了绝望的忧愁之中。

正是源于对时代主题的研判，人道主义问题成为 20 世纪哲学界甚至是整个思想界瞩目的问题。20 世纪相继诞生了多种人道主义理论：实用主义的人道主义、存在主义的人道主义、基督教人道主义和马克思主义的人道主义等，俄国"新精神哲学"的人道主义总体上属于基督教人道主义类型。

## 二、人道主义危机的根源——虚无主义

弗兰克认为，俄国虚无主义的产生源自两个上帝的消亡。一个是圣经中的上帝，即神学视域中的上帝，这直接导致俄罗斯文化世俗化；另一个是形而上学的上帝，即哲学家视野中的种种类型的上帝，也就是说各种哲学思想中所遵循的客观规律、绝对精神、终极实在、普遍的必然性，以及启蒙运动中所蕴含的科学乐观主义精神等等都瓦解了。这两种

---

① С. Л. Франк. Свет во тьме：Опыт христианской этики и социальной философии [М]. Париш，1949г，стр. 48.

② С. Л. Франк. Свет во тьме：Опыт христианской этики и социальной философии [М]. Париш，1949г，стр. 64.

③ 车玉玲. 抗击虚无主义——俄罗斯哲学的主要维度 [J]. 哲学动态，2006（11）：48-51.

信念的崩溃是虚无主义到来的根本原因。作为具有历史使命感与责任感的思想家，弗兰克并没有停留在对危机的感性判断和诊断上，而是不断进行理论探索，试图探寻出种种危机的根源并给出根治的有效药方。在他看来，人道主义危机根源于虚无主义，而虚无主义又来源于"两个上帝"，即神学与哲学视域下的上帝的死亡。

第一，文化世俗化导致的信仰危机。俄罗斯文化世俗化过程及其影响，前文已经阐述过，这里不再赘述。19 世纪末至 20 世纪初，沙皇政府为维护专制统治，全力推行"东正教—君主专制—民族主义"的政策，企图利用东正教发挥民族凝聚力的道德胶水作用，但是事实上，作为官方意识形态的东正教已经无力成为凝聚各族人民的精神力量，宗教也不再是人民生活和整个民族认同的中心。与此同时，实证主义、民粹主义、自由主义等各种具有宗教虚无主义特征的思潮盛行。当俄罗斯知识分子转而向西方导师学习的时候，他们发现西方文化也已陷入危机。一方面，文艺复兴以来，宗教改革、启蒙运动、法国大革命以及工业革命等使西方文化日益世俗化，宗教已经成为可有可无的东西（索洛维耶夫语）。另一方面，启蒙运动提升了科学、理性的地位并取代了上帝，这在理论和实践上带来严重危害。在他们看来，科学并非万能，理性也有局限，单纯的物质繁荣并不能解决现代人失去信仰之后所面临的传统价值式微带来的内在精神危机。为此，必须重估东西方文化精神和价值信念。

第二，西方近代以来的启蒙理性摧毁了对上帝的信仰。哲学家们视域下的上帝，即指由哲学家们根据本体论原则建构起来的以普遍必然性和终极存在为核心的上帝。在俄国哲学家看来，"虚无主义是西方思想把基督教精神理性化的后果，因此，必须反对理性形而上学，以整个生命去见证神性的真理"[1]。舍斯托夫（Шестов）就曾经说过，"形而上学的实质就是虚无主义，而虚无主义的实质又是形而上学，活的上帝只有一

---

① 刘小枫.走向十字架上的真 [M].上海：华东师范大学出版社，2011：9.

个，'活'的形而上学则可以改头换面，层出不穷"①。

因而，随着西方文明中所依仗的"两个上帝"的死亡，人们面临着前所未有的精神空虚感，丧失了存在的精神根基。人失去了往日的依托，被抛到一个异己的世界之中，一个为人提供了绝对自由，一个本应成为人之造物、绝对属人的世界，但实际上成为一个充斥着异己之物的世界。对于世界正在陷入的人道主义危机，别尔嘉耶夫也进行了深入探讨并指明了摆脱危机的三条路径：其一，听天由命（任由世界死亡）；其二，以暴力维持集体秩序，剥夺人的自由，实现世界的专制化；其三，从内在克服混乱，使精神战胜技术，恢复人的精神价值。只有这第三种出路才是人们应该选择的唯一希望之路。

弗兰克为代表的新精神哲学家以《圣经》和《圣传》为基础，结合东方教父著作创造了人道主义哲学理论。之所以要不断回归东正教寻找理论资源，弗兰克指出，一方面，"在宇宙观发生根本转变的时代，在精神慌乱和寻找丧失了的精神生活完整性的时代，这个问题十分尖锐地呈现在意识面前。今天的情况则是，人类已经不能满足于信仰科学哲学的或社会政治的代用品，而开始怀念实在的和真正的宗教信仰……另一方面，当人类已经丧失对宗教创作的天真的新鲜感和创作的勇气时，就不能不进行反思，不能不要求对自己的宇宙观进行理性检验和论证。在这样的时代，哲学与宗教协调的问题，严肃的理性知识与信仰的直接生活目的的协调问题，就成了对人类和每个人都是生死攸关的问题"②。在这种情况下，为了证明一种能赋予人生、历史和世界以内在根基和意义的精神实在，弗兰克诉诸基督教概念和形象。

在弗兰克看来，面对虚无主义在俄罗斯与欧洲的肆虐，知识分子们"面临着重估旧的价值和创造性地掌握新价值的重大任务"，而要完成时代所赋予的重大任务，必须实现"从徒劳无益的、反文化的虚无主义的

---

① 刘小枫.走向十字架上的真 [M].上海：华东师范大学出版社，2011：39.

② 弗兰克.哲学与宗教 [J].世界哲学，1990（4）：33.

伦理主义走向创造文化的'宗教人道主义'"①。

## 第二节　弗兰克人道主义哲学思想生成的现实逻辑

从宏观上来看，弗兰克基督教人道主义思想的诞生直接植根于 19 世纪末至 20 世纪初的俄国和世界的种种社会现实，更是对该时期时代主题的有力回应。面对着人的外在生存危机和人的内在精神危机以及时代主题的呼唤，作为一位具有历史责任感和使命感的哲学家，弗兰克敢于直面人的危机问题并深入探索其根源，并在此基础上，试图从自己的宗教本体论出发构建基督教人道主义思想，以此化解人的危机问题并一劳永逸地解决人的安身立命问题。

### 一、弗兰克基督教人道主义产生的现实诉求

19 世纪末至 20 世纪初期，整个世界处于一种动荡的状况，不仅人的外在生活如此，人的内在精神世界也处于转折和迷茫状态，双重危机直接导致了人的内在的个人生活与外在生活之间的不协调、裂隙和断裂，带给人一种深深的人的空虚感、怀疑和无意义状态。对于这种状态，弗兰克有过精彩的描绘："现时代的悲剧性就是，恶性与盲目、一切日常规范与生活准则的不健全，这一切给人的灵魂造成了不可估量的压力，使它难以承受。第二点，就是灵魂受到了一些最强烈的诱惑：一方面抛弃了一切神圣之物，沉湎于无信仰之中，另一方面，固执于对旧生活的破坏，怀着冷酷的很隔离整个世界而自我封闭。一切旧的——或者确切地说是不久前的——生存准则和形式正在消亡，生活在无情地远离它们，揭露出它们的不是虚假性便是相对性；如今已再不可能依据对这些准则

---

① 弗兰克.俄国知识人与精神偶像［M］.徐凤林，译.上海：学林出版社，1999：77.

之关系来建立生活了。谁若以这些准则为生活方向，他就是在冒险，如果他愿意继续相信这些，则他便失去了对生命的理性态度和活的关系，是精神的狭隘和僵化，——而如果他局限于对这些准则的否定，则又是精神堕落和与普遍的卑鄙无耻同流合污。"① 作为具有历史责任感和使命感的思想家，弗兰克并没有停留在对外在和内在危机状态的感性描述上，而是不断从理论上诊治危机的"病因"，并致力开出根治的"药方"。

## 二、对人的危机的系统论证

任何一种思想若想产生理论效应，必然是对社会现实问题的精准把握与有效回应。针对 19 世纪末至 20 世纪初俄国的社会现实，弗兰克将之概括为"现在却是你们的时候，黑暗掌权了"。作为亲身经历和体验过这个时期几乎所有的政治事件并获得痛苦的生存体验之人，他觉得"黑暗掌权"这个词最能如实而恰切地描绘出时代状况。在弗兰克看来，"黑暗掌权"主要体现为两个层面：一是俄国社会的种种现实状况给人的生存和自由带来的外在危机，危机与革命导致的颠沛流离的生活给人的生存带来了严重的威胁；二是人的内在精神危机，即文化的世俗化与虚无主义使人的内在精神世界产生了价值危机，人无法找寻到生活的意义。

第一，人的外在生存危机。从 19 世纪后半期到 20 世纪初期，正是俄罗斯社会现代化转型的艰难时期，也是各种社会矛盾全面爆发、逐步激化和各种危机日益凸显的时期。因为"在社会转型过程中，传统与现代、保守的与激进的、国内的与国际的矛盾交织在一起，使得俄国社会混沌一片，经济、政治发展扑朔迷离，充满变数和不稳定性。在此特定时期，各种政治力量、各种利益集团从自身利益出发，纷纷提出各种解决社会矛盾的理论和主张，各种思潮纷沓而至，信奉不同思潮的政党不断粉墨

---

① 弗兰克.俄国知识人与精神偶像 [M].徐凤林，译.上海：学林出版社，1999：79-80.

登场"①。种种矛盾与危机交织纵横，共同促成人的动荡不安的生活状态。具体而言，危机主要体现为以下方面：

从政治上来看，俄国的政治专制制度严重桎梏人的自由。1861年农奴制的废除使两千多万农奴获得人身自由。与此同时，政府建立新的地方行政体系，这是带有浓厚西方政治文化特色的政治改革，无疑是逐步深入的西化运动的结果，对俄国社会的历史进程来说无疑是一个进步。但是，改革后的地主贵族仍然是该国的统治阶级②，他们依靠专制制度剥夺了底层民众的政治自由。从经济上来看，19世纪中期以来，俄国社会人的生存状况日益恶化并出现生存危机。俄国经济虽然呈上升趋势，但总体上发展极不平衡。从工业上来看，19世纪末至20世纪初伴随着俄国缓慢过渡到帝国主义阶段，俄国的资本主义获得了进一步的发展，大机器生产逐渐代替了传统的手工劳动，这标志着俄国资本主义有了新的发展，同时也意味着工人受剥削程度的加深；从农业上来看，从1861年农奴制改革到19世纪末期，俄国地主土地所有制并未受到任何触动，也就没有从根本上解决农民的土地问题，俄国仍然是一个高度集权的封建专制国家，农民仍然处于俄国社会的最底层并挣扎在生存线上。由此可见，俄国社会经济发展的不平衡状态，使工人、农民等底层民众陷入前所未有的生存危机。从军事上来看，国内革命与战争频仍导致社会动荡，人的生命受到严重威胁。一方面，工人阶级和资产阶级之间的阶级斗争不断，1900—1903年的世界经济危机使俄国深受其害，1904—1905年日俄战争的战败促使工人阶级和资产阶级之间的矛盾不断激化，资产阶级民主革命势在必行；另一方面，农民与封建贵族之间的矛盾也日益激化，内外忧患与矛盾交织在一起造成国内革命一触即发，如1905—1907年的

① A. A.卡拉—穆尔扎，A. C.帕纳林，И. K.潘金.俄国有摆脱精神危机的出路吗？[J].世界哲学，1998（1）：36-47.

② 尼·梁赞诺夫斯基.俄罗斯史［M］.杨烨，卿文辉，译.上海：上海人民出版社，2007：398.

资产阶级民主革命最终以"流血星期日"事件为标志画上句号、1914—1917 年的第一次世界大战都给俄国广大人民带来了严重的灾难与痛苦，这种种国内革命和国际战争叠加的结果就是俄罗斯人的生存状况恶化。弗兰克对第一次世界大战结束后的情景深有感触，他指出，在现实生活中，人类似乎进入了充满动荡、政变、风起云涌的历史运动的时代，无论是国际政治还是国内政治都不再似以往那么稳定。总之，在弗兰克看来，人陷入了外在的生存危机。

第二，人的内在精神危机。19 世纪末至 20 世纪初是一个转折的时代，关于这个时代，可以从不同维度进行界定。弗兰克指出，这个时代可以从整体上概括为："一方面是工业经济在农奴制改革后有了明显的发展，资产阶级的力量有所壮大，另一方面是晚期封建专制的弊端日益暴露；一方面是民粹派运动失败后社会上弥漫着一种颓唐的空气，另一方面是西方多种社会哲学思潮涌入俄罗斯。这是俄罗斯历史上一个从近代向现代过渡的时代，一个文化转型的时代。历史大变动的征兆从各个领域、首先是从思想文化方面显示出来。"① 弗兰克认为，思想文化领域的矛盾突出表现为"传统世界观动摇和新的思想倾向的分散性"，正是因此导致人的内在精神根基丧失，使人陷入了内在的精神危机状态。

一是沙皇政府精心炮制的由"东正教—专制制度—民族性"所构成的"三位一体"式的精神垄断格局逐渐解体，这促使俄罗斯人的传统世界观动摇。自基辅罗斯于 988 年确立东正教为国教以来，东正教逐渐成为精神领域的统治力量，并作为一种世界观原则逐渐统治和控制俄罗斯人民的灵魂。但是，由于它不断推行"君权神授"等理论，成为巩固统治阶级政权的纯粹思想武器，引起民众精神上的不断反叛。与此同时，彼得大帝改革之后受启蒙思想冲击，东正教已经很难再作为整体世界观聚合起广大民众的黏合剂。在这种情况下，人们迫切需要新的精神信仰填补东正教信仰逐渐倒塌后所留下的精神空白。

---

① 汪介之. 远逝的光华 [M]. 上海：译林出版社，2003：59-60.

二是 19 世纪 80 年代以来俄国社会各种虚无主义思潮盛行，不断地摧毁人的价值世界的根基。19 世纪 80 年代，正是俄国社会转型的关键时期，也是意识形态领域各种思想呈现百花齐放的姿态，各种具有虚无主义思想倾向，如实证主义、民粹主义、自由主义、民族主义和无神论等在内的社会思潮泛滥的时期，这些思潮尽管立论方法和方式各不相同，但都具有一个共同的特点，即大多与传统的东正教神学思想相对立，总体上带有宗教虚无主义特征。这些种类繁多的、具有虚无主义特征的社会思潮使俄罗斯民众的思想倾向日益呈现分散性，这场思想混战致使民众的精神陷入茫然与无意义状态，民众找不到绝对的、牢固的精神支柱。

三是 19 世纪末至 20 世纪初的俄国，国内革命思潮不断，再加上第一次世界大战发生，结果使人的精神世界呈现出明显的病态。每次革命的失败，都伴有民众精神的抑闷和失望，表现为宗教与道德的颠倒混乱，还有些人投向极端的宗教个人主义和神秘主义怀抱而不能自拔，还有些人则变得愤世嫉俗、仇视世界及他们自己的精神意识。"道德的颓废，和一般社会的崩溃，就是这类沉闷其中的特征"①，更为严重的是，革命和战争所带来的颠沛流离的生活迫使人们更加深入地思考生命的意义和价值等问题。针对这一时期人们的精神状况，弗兰克总结说，"传统的信仰走向衰落且已经无法深入人心，新的信仰尚未确立起来，人们不知道它应该追求什么、为什么而生活、在生活中应该遵循什么原则"②。他认为，这是当代人类体验和经历的最严重和深刻的精神危机，"精神上没有宗教信仰、自发的历史运动汹涌澎湃——正是这两者构成了我们这一时代的悲剧特征"③。

世纪之交使人们早已习惯的很多思想发生动摇。飞速发展和急剧变

---

① 赫克.俄国革命前后的宗教 [M].高骅，杨缤，译.上海：学林出版社，1999：294.

② С. Л. Франк. религиозные основы общественности [J]. путь，№：1.

③ 弗兰克.俄国知识人与精神偶像 [M].徐凤林，译.上海：学林出版社，1999：80.

化的社会现实、与 1905 年革命和战争（俄日战争、第一次世界大战）密切相关的一系列社会剧变和精神剧变，向人们提出了很多前所未有的历史难题。这个时期的思索具有鲜明的个性化特征，但是它既是紧张的，在时间和空间上又是松散的，最终目的都是"为了探究人们生活中潜在的趋势和人们的精神状态"①。对于人的生存危机和内在精神危机的社会现实，迫切需要知识分子对此种社会现实做出及时的理论回应，进行理论探索并且寻找化解危机的方法。他将探寻答案的目光转向欧洲："当我们这些物质和精神都一贫如洗，失去了生命中的一切的俄国人求教于欧洲思想的导师之时，我们却惊奇地发现，我们没有谁可以求教也没有什么可求教……"② 作为具有历史责任感和使命感的思想家，弗兰克并没有消沉下去，而是不断进行理论追问。

## 第三节　弗兰克基督教人道主义哲学思想生成的理论逻辑

弗兰克人道主义哲学思想不但深深扎根于本民族传统思想的土壤中，而且还批判地借鉴和吸收了西方哲学思想，并将其有机地糅合在一起，使之成为其人道主义思想的直接理论资源。具体而言，弗兰克在自身理论体系的形成和建构过程中，从直接和有意识的角度上来看，主要吸收了东正教中所蕴含的人道主义和神秘主义、陀思妥耶夫斯基的基督教人道主义和索洛维耶夫的"神人性"理论、洛斯基的直觉主义和斯拉夫派的"聚合性"等思想。此外，弗兰克还借鉴和吸纳了西方哲学的思想精华，如柏拉图（Платон）的"理念论"、库萨的尼古拉的"有学问的无

---

① T.C.格奥尔吉耶娃.俄罗斯文化史——历史与现代 [M].北京：商务印书馆.2006：474.

② 弗兰克.俄国知识人与精神偶像 [M].徐凤林，译.上海：学林出版社，1999：101.

知"思想和德国神秘主义等思想。同时代思想家司徒卢威在纪念弗兰克的文章中指出："弗兰克的哲学著作（我会说是一个哲学贡献）致力于揭示存在的这种无形的内在实在，在弗拉基米尔·索洛维耶夫和整个柏拉图传统的影响，从普罗提诺（Плотино）到中世纪的德国思想家尼古拉·库萨（Николай Кузанского）的影响之下不断发展和成熟。"① 正是基于对本民族传统思想和西方哲学思想的继承与有效整合，弗兰克构建出独特的人道主义哲学理论。

## 一、弗兰克人道主义哲学思想的俄罗斯民族思想之根

俄罗斯自古以来就拥有人道主义思想传统，这种传统植根于传统的东正教文化。当这种人道主义传统与近代以来西方哲学思想碰撞与交融后，嬗变出最具民族特色的基督教人道主义思想，弗兰克的人道主义哲学思想就在一定程度上彰显出民族特色。总体来看，东正教作为母体文化，其中所蕴含的基督教人道主义、神秘主义、神人性等思想在弗兰克基督教人道主义中打下了深深烙印。此外，他还积极地从陀思妥耶夫斯基和索洛维耶夫等俄国思想大家那里吸收思想养料以服务于自己人道主义思想的构建。因此，俄罗斯民族思想才是弗兰克基督教人道主义产生的根源。

第一，俄罗斯民族传统文化对弗兰克人道主义哲学思想的内在涵养。988 年，基辅罗斯从拜占庭继承了东正教，史称"罗斯受洗"，它在俄国文化史上具有深远的意义和影响，"这件事立刻就决定了她的历史命运、她的文化历史道路。这件事立刻就把她纳入了确定的和已经形成的关系和影响范围中。'罗斯受洗'是俄罗斯精神的觉醒，是召唤她从'富有诗

---

① Н. А. Струве. К юбилею Семена Франка [М. Русское Студенческое ХристианскоеДвижение. № : 121. Париш-НьюЙорк-Москва. 1977г, стр129.

意的'幻想走向精神清醒和深思熟虑"①。起初，俄国教会依赖于希腊东正教会，在 16 世纪末走上独立的发展道路。尽管俄国教会内部发生了分裂，但是俄国的东正教没有经历过西方的宗教改革，也没有受到启蒙运动的直接冲击，因此其宗教氛围更为浓厚。从定为国教起直到 1917 年的俄国十月社会主义革命，它在长达千年的时间里一直是俄罗斯帝国的国教。因此，东正教始终是俄罗斯民族文化的大背景、大语境，它是俄国白银时代新精神哲学诞生的文化母体，弗兰克的人道主义哲学正是在东正教的"空气"中浸润、熏陶，最终得以模塑而成。

东正教神秘主义对弗兰克人道主义哲学思想有潜移默化的影响。相对于天主教和新教来说，东正教神秘主义更为浓厚，其原因一方面在于东正教自身的理论特色和内涵，主要体现在重视冥思、灵修和神秘感受，而较少喜好理论思辨；另一方面则得益于东正教没有经历过西方的文艺复兴和启蒙运动的精神洗礼。这种浓厚的"神秘体验是东正教的空气，它像大气一样在东正教周围，虽然密度不同，但总在运动"②。东正教神秘主义对弗兰克基督教人道主义影响体现为两方面：一方面，从神哲学角度来说，东正教神秘主义的根据就是上帝的内在性与超越性，上帝是万物的造物主，所以他是超然物外的，但他又存在于造物之中，是造物中最核心的内容。同理，上帝是一切的造物主，所以超越于人，但他又是人存在的根基。从其超越性来说，他是不可感知的；从其内在性来说，他又是可以由人的灵魂来领悟的。可见，"上帝的内在性和超在性的统一，就是东正教神秘主义之最根本的依据"③。弗兰克的基督教人道主义必然要论证上帝的存在及其特征，在他看来，内在性与超越性就是上帝

---

① 格·弗洛罗夫斯基.俄罗斯宗教哲学之路 [M].吴安迪，徐凤林，隋淑芬，译.上海：上海人民出版社，2006：11.

② С.Н.布尔加科夫：东正教——教会学说概要 [M].徐凤林，译.北京：商务印书馆，2001：179.

③ 雷永生.东西文化碰撞中的人——东正教与人道主义 [M].北京：华夏出版社，2007：36.

最根本的特征。另一方面，神秘主义宣扬神秘体验，提倡直觉，拒斥理性的片面性与独立性。在东正教视域下，所谓的神秘体验就是"使我们能够和精神世界、神的世界进行交往的内在（神秘）感悟，以及对我们自然世界的内在（而不仅是外在）认知，就叫做神秘体验。神秘体验之可能性，其前提是人有一种直接的、超理性的和超感觉的特殊直觉能力，我们也把这种直觉叫做神秘直觉……"① 基督教的根本问题在于寻求人与神、世界与天国之间的道路。西方基督教在同希腊哲学和近代思想的长期互动中，已习惯于给这条道路赋予知识形式，东正教则拒绝理性主义中介，重东方的直觉之路。别尔嘉耶夫说，"东正教首先不是学说，不是外部组织，不是外部行为方式，而是精神生活，是精神体验和道路"。弗兰克则直接继承了东正教神秘体验和神秘直觉理论构造自己的认识论。在他看来，上帝作为超验的存在，人的经验和理性无法认识和体悟，只有借助神秘直觉才能洞穿上帝。

东正教自身蕴含的人道主义因素对弗兰克人道主义哲学产生了深远的影响。由于历史因素东正教较多地保留了基督教早期的上帝之爱和人道主义传统，特别是植根于俄罗斯村社土壤中的东正教始终保留着上帝救赎人类和"爱上帝""爱邻人"的基本教义；以"上帝面前人人平等"为自己最基本的生活准则；以"使每个人的灵魂得到拯救"为自己的价值追求。这意味着，世上的恶与不人道现象不是上帝造成的，而是人违反神意的直接结果。因此，要反对和消除种种恶和不人道的现象，不是要打倒上帝，而是要在上帝的关怀和爱中加以实现。人类社会的人道化过程，实际上是人与上帝合作的过程，而不是排斥上帝的过程。东正教的影响使俄罗斯知识分子的人道主义思想充满神圣感，他们把这种人道主义思想视为上帝的感召，正是在俄罗斯的基督教—东正教文化背景下，人的高尚性、超越性、精神价值，只能是与上帝观念相联系的，而且，

---

① C.H.布尔加科夫：东正教——教会学说概要 ［M］.徐凤林，译.北京：商务印书馆，2001：179.

人同神的关系，与神的联系，是人的本质的决定性特征，这些思想成为弗兰克人道主义哲学思想的题中应有之义。

第二，弗兰克对陀思妥耶夫斯基人道主义思想的继承与发展。费·陀思妥耶夫斯基不仅是俄罗斯而且是世界舞台上一位最伟大的文学家和杰出的哲学家。弗兰克在《陀思妥耶夫斯基与人道主义危机》（1881）一文中，通过对陀思妥耶夫斯基作品的研读发现，其"全部思想所围绕的主题是人，人性的真正的、原初的本质"①，因此，以人道主义为切入点无疑将直达陀思妥耶夫斯基世界观中的核心因素②。弗兰克对陀思妥耶夫斯基思想核心的研判精准地捕捉了其思想的核心要义，因为陀思妥耶夫斯基不止一次地强调："人就是谜。谜是需要破解的。即使因此而耗费一生，也不要以为是浪费时间。我就是在解谜，因为我想成为人。"③

人与人的自由始终是折磨陀思妥耶夫斯基的问题，因为他敏锐地感受到他所生活的时代是一个"无神论与怀疑论"盛行的时代，现代欧洲已经沦为珍贵的"宗教的坟墓"。在陀思妥耶夫斯基看来，无论是在西方，还是在俄罗斯，时代的弊端都在于人脱离了神的怀抱，神人分离导致人道主义走向反人道主义并导致人道主义危机。时代赋予陀思妥耶夫斯基的任务不仅仅是要抓住时代的主题，而且要探析其产生的根源与破解路径。陀思妥耶夫斯基的人道主义思想体系证明他出色地完成了时代赋予的历史使命。

从西方人道主义思想发展史的角度来看，文艺复兴的人道主义一改中世纪人在神面前的卑微与渺小地位，最大可能地张扬了人的个性，最终导致神被遮蔽，人逾越一切准则的限制并朝着为所欲为的方向发展，这将带来难以估量的后果。启蒙时代理性主义、人道主义片面宣扬人的

---

① С. Франк. Достоевскийикризисгуманизма ［J］. путь, 1931г. No：27.

② С. Франк. Достоевскийикризисгуманизма ［J］. путь, 1931г. No：27.

③ И. М. Борэенко, В. А. Кувакин, А. А. Куудишина：основы современного гумнизма ［M］. Москва. 2002г, стр. 50.

理性至上性，理性成为衡量一切的天平和法庭，人的理性被确认为可以取代中世纪的神。针对西方人道主义思想发展的动态，陀思妥耶夫斯基在《群魔》中预言：假如上帝存在，一切便取决于他，我不能做任何有违他意愿的事情；假如上帝不存在，一切便取决于我，我必须肯定我的独立性。那么人将如何肯定自己的独立性呢？一切都将被允许。至此，人对本质追问的放弃以及对个体自由意志的推崇，导致"神人"关系破裂，在此种情形之下，人只在自身寻求确证，人变为形式上的自我主宰，人进而演化成"人神"。① 陀思妥耶夫斯基反复强调，如果上帝没有了，那么人就可以为所欲为，人既可以去追求物质与感官的享受，进而转向对恶和死亡的认同、崇拜超人或人神、赞同暴力和流血事件的合理性，法国大革命就彻底暴露出这种人道主义的种种弊端和崩溃的前兆，人道主义走向反人道主义。正如别尔嘉耶夫所言，俄罗斯虽然没有经历过文艺复兴，但我们却感受到了西方人道主义的危机。实质上，最敏锐地感受到西方人道主义危机的思想先锋正是陀思妥耶夫斯基。"陀思妥耶夫斯基对于了解人文主义的内部破产极为重要，十分值得注意。人文主义在陀思妥耶夫斯基身上经历了巨大的破产。正是陀思妥耶夫斯基在这方面大有发现。陀思妥耶夫斯基如此关心人、关心人的命运，把人当作自己创作的唯一主题，然而，正是他揭示出人文主义内在地毫无根据，把人文主义的悲剧暴露在光天化日之下。"②

　　无论是在西方还是俄罗斯人道主义发展史上，陀思妥耶夫斯基不仅郑重地宣告人道主义王国的终结，"在陀思妥耶夫斯基和尼采之后，已经没有可能回到老的唯理论的人道主义那里去了，人道主义已经被超越。人道主义的自我确证和自负，在陀思妥耶夫斯基和尼采那里结束了。接

---

① 王志耕.陀思妥耶夫斯基对正教理念的诠释 [J].俄罗斯文化评论（第2辑），北京：首都师范大学出版社，2010：167.

② 别尔嘉耶夫.历史的意义 [M].张雅平，译.上海：学林出版社，2002：148.

下来的道路或者是走向神人，或者是走向超人即人神"①。陀思妥耶夫斯基选择走"神人"之路，即跟随基督走，将人重新拉回上帝的怀抱，通过建构基督教人道主义克服西方人道主义危机。但对神人思想的系统阐释却是由后人，即索洛维耶夫完成的。

陀思妥耶夫斯基的基督教人道主义思想对弗兰克产生了深远影响，弗兰克不但高度认同陀思妥耶夫斯基对西方人道主义危机的诊断、摆脱人道主义危机在于转向基督教人道主义等思想，而且将其思想向前推进了一大步。弗兰克从人的内在精神的实在性中挖掘出上帝的存在，论证了人的本质在于其神人性，并围绕着神人性思想阐发了人与神的关系、人身上的神性与人性的关系，从而构建出人的存在的形而上学理论。

第三，索洛维耶夫"神人性"思想对弗兰克人道主义哲学思想有直接影响。陀思妥耶夫斯基对于人道主义的贡献在于，他切中西方人道主义危机的"病灶"并给出摆脱危机的路径是转向基督教人道主义。与此同时，他也提出了一个全新的宗教问题，即神人性的问题②。那么，在东正教背景下如何进一步阐发神人性理论，自然就成为其后继者们迫切需要解决的理论前提，而这一任务则是由弗·索洛维耶夫完成的。

索洛维耶夫是俄罗斯宗教哲学体系的开创者与奠基者，而且其思想哺育了整个白银时代哲学家。弗兰克人道主义哲学实质上就是"从索洛维耶夫学说中成长起来的俄国宗教哲学思想之树上的一个枝杈"。弗兰克坦诚道，"索洛维耶夫的世界观对我的影响显然是在无意识中的。然而我还是乐于而且心怀感激地承认，在这个意义上我是他的后继者"③。那么，索洛维耶夫对弗兰克的影响显然是多层面并且极其深刻的，但如果从基

① 雷永生.东西文化碰撞中的人——东正教与人道主义 [M].北京：华夏出版社，2007：114.

② 尼·别尔嘉耶夫.论人的使命——神与人的生存辩证法 [M].张百春，译.上海：上海人民出版社，2007：322.

③ С. Л. 弗兰克.实在与人 [M].李昭时，译.杭州：浙江人民出版社，2000：2.

督教人道主义视角审视，则最为突出的体现在神人论上。

在索洛维耶夫看来，上帝具有神性、超验性、绝对性，这是上帝的根本属性，也是东正教中的基本教义。与此同时，他认为，神除具有神性之外，还具有人性，神的人性最直接地体现在神的化身现象里。在基督教意识里，神与人结合了，神成了人，即道成了肉身。他进一步解释说，在耶稣身上化身的不是先验的上帝，而是上帝—道化身了，即道向外显现，耶稣基督是神的化身，但他同时也是人，是圣母玛利亚所生，作为人，他与一般的人不同，他是精神的人。这个精神的人是神与人的结合，因此，在精神的人的身上既有神的特性，又有人的特性，即他是神人性。

索洛维耶夫进一步对自己的神人思想展开论述，一方面，人是有限的，是其他事实中的一个事实，人从一切方面都受到这些事实的限制，依赖于它们；另一方面，人是拥有绝对形象、绝对权利和要求的高级存在物，即人具有一定程度的神性。人不同于其他一切事物之处在于"人具有上帝的形象和样式"。因此，索洛维耶夫认为，神性不仅属于神，还属于人，区别只在于，神性在上帝那里是永恒的现实，在人这里只是可能性和渴望，只能追求它或获得它。这样，在人的身上既有渺小的一面，因为人是与其他被造物相同的被造物，又拥有伟大的一面，因为他是个特殊的被造物，是按照神的形象和样式所造。这就决定了人的特殊地位，他是上帝和被造物之间的自然中介，人在自己的意识里接受并携带着神的永恒理念，同时，根据自己的实际来源和存在，人不可分割地与外部自然界相连，所以，人是上帝和物质存在的自然中介，是世界的建设者、组织者和管理者。

索洛维耶夫在全面分析了神人性思想的理论内涵之后，他还进一步论证了人的本质特征就是神人性。人既然是自然造物，则必然在上帝和人之间存在着深刻的本体论鸿沟。因此，人具有神人性这一本质特征也就丧失了存在的理论基础，神人类也就无法实现。在此，索洛维耶夫引入了个性概念。那么，什么是个性？他解释说："人的个性，不是一般意义上的人的个性，不是抽象的概念，而是现实的、活生生的个人，每一个个别的人都有绝对的、神性的意义。"① 这样，人的个性自由地、内在地与神的原则相连，只是因为人的个性自身在一定的意义上是神性的。毫无疑问，"索洛维耶夫的哲学就其性质来说乃是人本中心主义的。人是受造物的顶峰，世界的再生是上帝与人一起实现的，而人同样体现着神的人性思想"②。他的神人性思想有力地推动了白银时代的思想文化潮流，并酝酿了白银时代俄罗斯宗教哲学的勃兴，弗兰克基督教人道主义思想的构建就得益于他的神人性思想。

弗兰克指出，索洛维耶夫从基督教原理中借用了神人类概念，并把它提高到一个普遍的、本体论的层面。世界和人类是一个精神有机体，它的头是上帝。从宗教哲学观念来看，可以把这种世界观看作泛神论，索洛维耶夫把它称作"万物统一学说"。弗兰克继承并发展了索洛维耶夫的神人性思想，他认为，神人性思想就是指上帝和人之间具有不可分割的密切联系的思想。弗兰克从人的神人性本质出发，详细阐释了人身上的神性与人性以及神与人的关系，极大地丰富和深化了神人性这一俄国宗教哲学研究主题。可以说，神人性思想对于弗兰克的人学和社会哲学而言是最核心的思想。

第四，弗兰克人道主义哲学思想的其他思想来源。弗兰克的基督教人道主义思想就其思想来源上看很广泛，只不过有些思想对弗兰克来说影响并不够深刻和直接，但在其思想中也是有迹可循的。鉴于篇幅所限，本文只探讨弗兰克对"聚合性"思想的继承与创新。

俄国地处东、西方之间，东方共同体精神与西方个体自由精神的矛盾在近现代俄国表现得尤为尖锐突出。俄国哲学家以东正教观念为基础提出

---

① 弗·索洛维约夫.神人类讲座 [M].张百春，译.北京：华夏出版社，2000：14.

② Н.О.洛斯基.俄国哲学史 [M].贾泽林，等译.杭州：浙江人民出版社，1999：130.

了对自由与统一问题的思考，这就是由霍米亚科夫（Алексей Хомяков）所提出的，经过弗洛连斯基（Павел Флоренский）、布尔加科夫（Сергий Булгаков）和弗兰克所丰富和发展的"聚义性"（соборность）概念，这也是俄国哲学中的一个核心范畴。弗兰克在论述俄罗斯世界观的独特特色之时曾明确指出，俄罗斯世界观的反对个人主义的特有成见和对某种精神的集体主义的重视信仰。① 这种集体主义被当作自由概念的坚固基础。这里所说的是一个独特的概念 соборность，它本是一个俄国宗教用语，来自"教堂"（собор）。聚合性一词的词根有两个意思，一个意思是为解决某些问题而举行的代表会议，另一个意思是教会的神职人员举行礼拜的教堂，这两个方面都有聚会的意思。根据斯拉夫主义者霍米亚科夫的意见，教会的会议都具有聚合性，其实质是多种的统一。教会代表的是其全体成员，但这些成员是统一的，而且这个统一是自由的统一，没有任何强迫性。聚合性要求两个因素：自由和统一。之后，索洛维耶夫将聚合性观念拓展为俄罗斯宗教哲学的基本主题，并赋予其特定的理论内涵。在他的思想体系中，聚合性就是一切统一，但是，它提出了肯定的一切统一和否定的一切统一的概念，"我所说的真正的或肯定的一切统一，是指其中的统一并不是依靠所有的成员或损害所有成员而实现的，这个统一是为了所有的成员。虚假的或否定的统一压制或损害构成它的元素，因此这个统一自身是空洞的；真正的统一保护和强化自己的元素，作为存在的完满，这个统一在所有元素中实现自己"②。索洛维耶夫所说的肯定的一切统一实际上就是聚合性。弗兰克借用了聚合性概念并开创性地将其应用于社会学领域，指出各种社会组织形式的基础是一种内在的有机统一，这种统一既保证了个体的自由，也保障了社会的完整。

---

① C.弗兰克.俄国知识人与精神偶像［M］.徐凤林，译.学林出版社，1999：21.

② 张百春.东正教神学思想［M］.上海：上海三联书店，2000：495.

## 二、弗兰克人道主义哲学思想对西方哲学思想的借鉴与吸纳

С. С. 霍鲁日（Сергей Хоружий）认为，虽然白银时代宗教哲学都坚持基督教的立场，也都处在索洛维耶夫思想影响下，但他们还把这个影响与西方某些哲学流派结合起来，后者也是个相当重要的参照因素。在对西方文化的态度上，弗兰克认为："……根本不必拒绝外来影响，不应把民族文化孤立起来。相反，民族精神的实体也和一切有生命的东西一样，需要借用外来材料的滋养；通过消化和吸收，它不仅不会因此而丧失自己的民族特点，反而会使之得到发展……"① 正是秉持这样开放的观点与心态，弗兰克才能自觉地吸收与融会西方文化精华，为构建自己基督教人道主义思想体系服务。

通读弗兰克的著作可以发现，其思想来源庞杂而广泛。这一方面得益于其自身精神努力，另一方面得益于其在被驱逐出莫斯科期间对西方思想的深入研究以及与西方思想家的直接对话。弗兰克因为参加大学生运动而被驱逐到德国，在德国期间他认真学习研究唯心主义，并与当代思想家文德尔班等人有过密切的思想交流。1922 年被驱逐出境之后，弗兰克曾长期生活在西方，因此对西方思想的认知与研究相当深刻。弗兰克对西方古代、近代和当代哲学思想都能信手拈来用作自己的辅佐资料，如以柏拉图为代表的古代哲学思想，以笛卡尔（Декарт）、波墨（Альфред Боймлер）和艾克哈特（Майстер Экхарт）等为代表的近代哲学，还有海德格尔、文德尔班和齐美尔等当代思想家的思想。如果从更直接而深远的影响角度来看，弗兰克的哲学思想深受柏拉图、波墨和库萨尼古拉的影响。这种观点与哲学家本人观点不谋而合，"我的哲学思

---

① 转 А. А. 卡拉—穆尔扎，А. С. 帕纳林，И. К. 潘金. 俄国有摆脱精神危机的出路吗？[J]. 哲学译丛，1998（1）：36－47.

想，从有意识的方面来说，来源于柏拉图主义，尤其两位最广大的代表——普罗提诺和库萨的尼古拉的影响"①。

第一，柏拉图的"理念论"对弗兰克人道主义思想的影响。在世界哲学史上，心与物的关系问题一直存在着两种哲学类型。自然主义的思维方式认为，"心"的存在属于主观领域，但可以被纳入客观现实，因为人的精神生活最终取决于客观世界。真正的存在就等同于客观现实，主观领域只是虚幻的、错误的。于是，从外在目光来看，任何一种哲学的或宗教的直觉都是人的心灵的主观观念，而人的心灵本身只不过是世界客观存在的一个无足轻重的微小部分。所以人的全部存在，都可以在自然主义的范围内得到解释。在心与物的关系问题上，弗兰克拒斥上述自然主义观点，他遵循着柏拉图主义传统②。

柏拉图认为，我们的感官所感知到的一切事物都是变动不居的，因而也都是不真实的，真正实在的东西应该如同巴门尼德所主张的"存在"那样恒久不动，真实的存在就是绝对的永恒不变的概念，而且这些概念不仅仅是思想的范畴，只存在于人的心中，而且是独立于事物和人心之外的真正实在。柏拉图把这种一般概念称之为"理念"。所有的理念构成了一个独立存在的世界，即理念世界，这是唯一真实的世界。柏拉图的"理念论"把精神性的实体"理念"看作万物的本原，理念独立存在于一切事物和人之外，理念世界是原型，是第一性的，是起决定作用的，而物质世界或具体事物则是第二性的，是理念的派生物。

弗兰克遵循着柏拉图主义传统，却不接受对心灵的自然主义解释，认为人同时属于两个世界，通过自己的身体和自然的内心生活属于客观现实的世界，通过自己的自我存在而属于超现实的实在，而且正是这种实在性是人的存在的深层基础。这样，人的存在不仅有身心二分，而且

---

① Под ред. И. Т. Фролов. Философский словарь［М］. Изд. Республика, 2001г. стр. 628.

② С. Л. 弗兰克. 实在与人［М］. 李昭时，译. 杭州：浙江人民出版社，2000：2.

人的心灵也有二重性。这种二重性表现在，一方面，人的内心生活受生理过程制约、受自然规律支配，属于自然界或世界；另一方面，人的精神具有超客观现实性、超世界性。这样，弗兰克就把人的"精神生活"与"内心生活"区分开来，强调人的"精神生活"是人的直接的、具体的自为存在，是某种与作为客观心理学认识领域的"内心生活"完全不同的、更深刻、更原初的东西，人通过这种实在而超越了客观现实，发现了一种全新的存在维度。正是在这一存在的深层，人与神沟通起来，人的神人性本质得以真实显露。因此，正是以精神实在为本体论基点，弗兰克建构起自己的人的形而上学理论。不仅如此，弗兰克还将柏拉图的理念论应用于其社会哲学思想之中，用于论证社会存在的本质。他认为，社会存在是非物质的存在，同时它又是凌驾于个人之上、超个人的，这又不同于心理存在。我们可以把这样的客观的、非物质的存在称为柏拉图的"理念"，指存在精神方面的客观内容。正是借鉴了柏拉图的理念实在论思想，弗兰克才得出了"社会现象本身的本质在于它是客观的、存在着的思想"的论断，也正是由此论断出发才生发出弗兰克的社会本质理论，由此又进一步阐发了人的社会性的思想。人的社会性思想丰富了弗兰克基督教人道主义理论并使其思想更具独特性。

鉴于此，弗兰克说："如果必定得在某个明确的哲学'教派'那里挂名的话，那我承认自己属于一个老式的但尚未陈腐的柏拉图分子的教派。"① 当代俄罗斯著名宗教哲学研究专家 C. C. 霍鲁日一针见血地指出，俄罗斯宗教唯心主义本质上是柏拉图意义上的唯心主义，这一评价用在弗兰克身上最为妥切。

第二，尼古拉的"有学问的无知"，对弗兰克人道主义哲学思想的影响。就如何认识上帝这一问题上，在西方宗教学说史上存在着两种不同的理论，一种是肯定神学的观点，即认为人能够认识上帝，另一种是否

---

① 瓦·瓦·津科夫斯基.俄国哲学史 [M].张冰，译.北京：人民出版社，2013：453.

定神学的观点，认为上帝作为存在、生命及万物的根源和原因，超出有限的人的认识能力和理解范围，人不可能真正或完全弄清上帝的本质及特性。尼古拉在这一问题上秉承否定神学的观点，并在此基础上提出了自己的"有学问的无知"思想。

在尼古拉看来，知识的形成与发展具有四个不同阶段。最低级的阶段是感性，它与想象力结合起来，只能产生混乱的印象。比感性高一级的是理智，它的职能是分析感性材料，从时间与空间上确定事物，在数量上进行演算，指称一个事物。第三个认识阶段是思辨的理性，它发现对立面是可以调和的。最高的一种知识是直觉知识，是神秘的理性认识能力。在直觉之中，对立面在无限的统一中取得了一致。他认为，人的灵魂可以借助直觉与无限的东西联系起来，也就是说，直觉把灵魂与上帝联系起来了，主体与客体也融合为一。但是，尼古拉认为直觉是很难达到的，因为感性、理智和理性总是和直觉混淆在一起，不断干扰人的认识，使人不能认识无限的上帝。因此，对于上帝，我们不会有真实的认识，人们只能通过"有学问的无知"而逐渐认识上帝。这就是他所说的"有学识的无知"的基本内涵。

弗兰克也赞同并维护否定神学的观点，他认为，否定神学不是认识论中的不可知论者，它们对神拥有自己独特的看法，只不过把这种看法以指明神与一切其他东西的区别的形式表述出来。在否定神学看来，神既不是这个，也不是那个，而是两者的统一，而这意味着，逻辑知识形式不适用于神，认识神只能通过直觉知识，作为存在的本原和始基的神，它的本质是超逻辑的、超理性的，因此，以某种逻辑规定的形式是无法捉摸的，这种逻辑规定只是对于存在的局部的和派生的内容才有意义。对于上帝只能采用"有学识的无知"。

出于构建自己的基督教人道主义体系的需要，弗兰克吸收了尼古拉的"有学识的无知"的观点，并将其应用在对上帝的认识之上。在他看来，上帝是哲学唯一的研究对象，它是"这一个和另一个"的统一，是完备性、无所不包的完满与创造的统一，因此，上帝归属于元逻辑的概念。相对于人的理性来说，上帝确实是不可认识的。我们关于上帝是无知的，但关于这个无知的知识向我们提供了关于上帝自身的某些知识。这就是尼古拉所说的"有学问的无知"。

总之，尼古拉的"有学识的无知"的观点成为弗兰克构建基督教人道主义思想的理论来源之一。弗兰克承认，"有学问的无知"是我的全部思考的出发点①，从感情上而言，弗兰克对尼古拉"崇拜得五体投地"并"亲自去拜访了这些已经被人们遗忘了的思想家，只是在那时我们身上已经形成了的哲学观点，迫使我们非常仔细地对待他们的体系"②。弗兰克认为"在某种意义上，尼古拉是我惟一的一位哲学导师"③。

第三，德国神秘主义对弗兰克人道主义哲学思想的影响。弗兰克认为，俄罗斯精神与德意志精神之间具有深刻的亲缘关系，而这种亲缘关系维系的纽带就是神秘主义，即以雅·波墨、巴德尔和谢林等为代表的神秘主义思想传统。神秘主义一词（mystic, mysticism）来自希腊语。笼统地讲，神秘主义是一种反科学理性的学说，它的历史源远流长，从古希腊延伸到中世纪，再到近现代。弗兰克在构建人道主义思想的过程中，不仅有效地吸收了东正教中所蕴含的神秘主义，而且还借用西方神秘主义思想，最突出地体现在他对以艾克哈特和波墨为代表的德国神秘主义的吸收上。

弗兰克对使徒保罗（Апостол Павел）、奥古斯丁（Августин）思想的借鉴。保罗说，"把自我独立存在物的人同得到神化的人性深层"区别开来。奥古斯丁说："神永远在我这里，只是我自己不在我这里。"弗兰克从保罗和奥古斯丁的思想中总结出这样一个观点，即人的灵魂具有二重性。具体而言，就是指人的灵魂中可以剥离出一个能够走开的"自我"

---

① С. Л. 弗兰克. 实在与人 [M]. 李昭时，译. 杭州：浙江人民出版社，2000：2.

② 瓦·瓦·津科夫斯基. 俄国哲学史 [M]. 张冰，译. 北京：人民出版社，2013：453.

③ 瓦·瓦·津科夫斯基. 俄国哲学史 [M]. 张冰，译. 北京：人民出版社，2013：453.

和另一个深层的"自我"。这种"我自己"和"我的心灵"之间的区别，实质上就是上帝在人的内心中存在的证明。这样，弗兰克通过人的灵魂的二重性进而寻觅到上帝的存在。

然而，从更为直接的意义而言，对弗兰克影响最大的当属以迈·艾克哈特和雅·波墨为代表的德国神秘主义。他一直强调，"没有什么比神秘主义、形而上学和哲学诗作对俄罗斯精神产生的影响更加强烈、更深刻和更有效了"。在对上帝的理解上，艾克哈特认为，上帝是一个精神实体，他是不可思议的，无法借助理性来证明其存在。人对上帝的认识只能通过"灵魂的火花"，即通过"心灵之光"实现与上帝的融合。就上帝与人的关系而言，艾克哈特认为，上帝与人的关系是互相依赖的，即上帝是人的上帝，人是上帝所创造的人。艾克哈特的上帝观以及对上帝与人关系的理解直接影响了弗兰克，弗兰克对上帝的认识也拒斥理性，强调神秘主义的直觉。再者，艾克哈特对上帝与人关系的界定，正是弗兰克所强调的神人关系不可分割性的体现。

德国神秘主义对弗兰克产生深刻影响的是另外一位思想家雅各布·波墨的"深渊理论"（Ungrund）。雅各布·波墨指出，深渊是第一性的，对于深渊只能以否定的方式去理解，它是比存在更为深刻的先在。深渊是虚无，但不是绝对意义上的非存在，深渊是自由，是原初的自由。因此，自由不是上帝创造的和决定的，它根植于 Ungrund，它是第一性的和无始原的。于是，深渊就成为理解上帝、自由等观念的关键。弗兰克正是借助波墨的深渊理论来阐释恶的根源问题。他指出，恶产生于不可表达的混沌，这种混沌仿佛处于上帝与非上帝的交界，显然，弗兰克指的就是雅各布·波墨的无根据性（Ungrund）观念。[1] 弗兰克指出，在生动的体验中，这种混沌对我来说，"是我自己的自我"，是这样一个无底深渊，它把我和上帝结合起来，同时又使我脱离上帝。这就是为什么我会

---

① H. O. 洛斯基.俄国哲学史［M］.贾泽林，等译.杭州：浙江人民出版社，1999：353.

意识到自己在罪孽中的过错和对恶的责任，这种意识促使我通过恢复被破坏的与上帝的统一的道路来克服和消除恶。弗兰克从德国神秘主义中借鉴了对上帝和自由的观点，使之成为构建自己的基督教人道主义思想的理论资源，为他解决上帝观、神正论等诸多理论难题提供了思想资源。

总体来看，弗兰克基督教人道主义不但深深扎根于本民族传统思想的土壤中，而且还批判地借鉴和吸收了西方哲学思想，并将其有机地糅合在一起，使之成为其人道主义思想的直接理论资源。具体而言，弗兰克在自身理论体系的形成和建构过程中，从直接和有意识的角度上看，主要吸收了东正教中所蕴含的人道主义和神秘主义、陀思妥耶夫斯基的基督教人道主义和索洛维耶夫的"神人性"理论、洛斯基的直觉主义和斯拉夫派的"聚合性"思想。此外，弗兰克还借鉴和吸纳了柏拉图的"理念论"、尼古拉的"有学问的无知"思想和德国神秘主义的学说。正是基于对本民族传统思想和西方哲学思想的继承与有效整合，他构建出自己独特的基督教人道主义理论。

# 第三章　弗兰克人道主义哲学思想的理论内涵

在西方哲学视角中，人是自然世界的一部分，可以划分为灵魂与肉体、主观与客观、心理与物理等二元对立部分。与西方哲学观点不同，在俄国哲学家看来，人不是世界的一个微小部分，相反，世界是人的一部分。人远远大于人本身，因为人拥有无限深邃的精神世界。再者，俄国哲学家眼中的人是三维的人，人是"精神—灵魂—肉体"的有机体。也就是说，俄国哲学家将人的内心世界划分为精神与灵魂两部分，灵魂是人的自然方面的属性和机能，它与肉体相对，而精神则是超自然的，是人的超越性，是人的最高本质的表现。这样，俄罗斯哲学家不是把人的精神生命作为现象世界的一个特殊领域，作为主观的领域或经验世界的映像，而是作为一个独特的世界、一种独特的实在。

弗兰克继承了俄国传统哲学观点，而且对人的精神实在性进行了充分论证。他的宗教本体论以实在为出发点，论证了人的精神实在性，并从人的内在精神存在中挖掘出上帝存在的依据。由实在、人再到上帝，弗兰克构造出一个完整的、关于人的存在的形而上学理论体系。正是对精神实在的论证，才奠定了弗兰克在白银时代基督教人道主义理论中的特殊地位。

弗兰克指出，"世俗的人道主义伦理学是正确的，因为它确认了个人的尊严与自我价值；同时，这种人道主义伦理学又是一种危险的错误，认为它忘记了人的'天上家园'而开始离开天国确认人的价值"①。事实上，弗兰克不仅坚决反对世俗人道主义思想，而且坚决反对旧约中关于神与人关系的思想，他认为基督教的人道主义来源于新约，或者说主要来源于福音书。他根据新约总结出人道主义观念："人道主义，人对自己、对自己崇高的天赋、对自己积极创造生活和好行善事的能力的信念——这一切都完全正确；寂静主义、消极、安于自己微末地位的决心——这一切是有罪的大谬误。上帝期望于人的不是消极无为，而是紧张的精神和道德积极性。人理应不是神意和神力作用的简单客体，而是有积极作用的、有责任心的、意识到自己力量的主体——上帝的积极助手；谁没有这种意识，谁就是懒惰而奸狡的奴隶。"②

## 第一节　弗兰克人道主义哲学的本体论基础

弗兰克人道主义哲学直面 19 世纪末至 20 世纪初的时代主题，即人的危机问题。他以东正教传统文化为理论阐释背景，有机地继承本民族传统文化并批判地吸收西方优秀哲学思想，以神人性理论为核心构建出独特的人道主义哲学思想体系。具体而言，弗兰克人道主义哲学建立在宗教本体论基础之上，他由实在出发，引申出人的精神实在性，再由人的精神存在中挖掘出神的存在，进而证明人的神人两位一体的存在结构，由此推演出人的本质在于其神人性。以人的神人性本质为核心，弗兰克先后论证了上帝的存在及其超验性和内在性特征、人的神人性本质、人的神性与人性的关系、人与上帝以及人与世界的关系、人的社会性等问题。由此，弗兰克发现了人与上帝、人与世界以及人与人之间的悲剧关

---

① 弗兰克：弗兰克论不可知物与世界之恶 [J].徐凤林，译.刘小枫.基督教文化评论（第 9 辑），贵阳：贵州人民出版社，1999：222.

② 雷永生.论 C.弗兰克对人道主义思想的梳理 [J].中国青年政治学院学报，2003（3）：69-73.

系。正是基于对人的生存、人的命运以及人的意义世界的关怀，弗兰克试图构建出能够一劳永逸地改变人的悲剧命运的哲学体系。

## 一、弗兰克人道主义哲学思想的本体论基础：实在

中外哲学家终生都在追问的一个问题是："真正存在的是什么"。每一位思想家都从自身的精神视角出发阐释这一哲学的基本问题，并在此基础上建构自己的哲学思想体系。

第一，实在的内涵。弗兰克的探讨从"真正存在的是什么"这一哲学基本问题开始。弗兰克认为，存在分为三个层面。首先是物质存在。这就是我们周围环境中所碰到的、通过经验观察所直接感知的一切东西，这些东西的总和构成经验现实或者说世界。由物质存在的总和所构成的世界，对于我们每个人来说都是相同的。人们必须重视物质存在，这个客观现实世界构成了人生存与创造活动开展的大环境。除了这种物质存在之外，还有构成物质存在的形式的东西或者说观念的东西，这种观念之物的领域构成存在的第二种类型，即观念性存在。弗兰克认为，观念存在同物质存在一样具有客观现实性，因为它内在地居于客观现实之中，同时它还完全不依赖于客观现实而独立存在。这一关系表明的是人对变动不居的世界的理性认识，即柏拉图的理念世界。第三种存在是精神实在。对于人的内在精神的实在性，弗兰克从认识论角度作了论证。在他看来，一共有两类知识，一类是来源于客观认识的知识，人通过感性和理智观察而获得的对象性知识，它具有局限性；另一类是原发性的知识，也就是关于生命的知识。因为这种知识不是来自我们身外，不是某种不同于我们自身的东西，而是与我们的生命本身合为一体的，它就存在于我们的生命之中。"在知识对象世界范围之外，至少还有投向这一对象世界的精神目光本身。由于这种精神目光，我们可以获得它的载体或来源的神秘的、不易确定的实在性，这种实在性以不同于所有知识对象的方

式显示给我们。"①

在弗兰克看来，人的内在精神不是在较小的程度上，而是在较大的程度上真正地存在，而且是更为真实和深刻的实在，它与经验存在具有同样的实在性，而且在他看来，这种人的内在精神的实在性并不亚于物理世界的现象，因为"灵魂之恶往往比暴风雨和地震更加可怕，比石头或墙壁更难克服，而人的善意与爱对生命来说要比物质财富更为可贵"。

总之，弗兰克不仅肯定了精神生活具有独立于客观现实的内在实在性，而且强调人的精神生活较之内心生活是人的直接的、具体的自为存在，即属于本体论地位的存在、自为的存在。而精神生活则与任何客观现实性都有质的区别。但它与客观现实相比更为实在。因为它在一定意义上是自足的、更确定和更原初的实在。这种实在比客观存在的现实更有分量、更加重要、更加真实。我们在一定程度上可以对客观现实闭上眼睛，离开、回避、摆脱它，断绝同它的联系，但我们无论如何也无法避开自我实在，它现在就在而且总是在我里面，它就是我的存在的本质本身，甚至在我没有察觉到的时候，它也在我里面。人通过对这种实在而超越了客观现实，发现了一种全新的存在维度。与西方哲学家不同，弗兰克着重强调了三种不同的存在，即物质存在、观念存在和精神存在。它们各自都有不同的对应之物，在本体论层面具有不同的意义，由此也为形成独特的直觉主义认识论奠定了本体论基础。

第二，实在的特性：超越性和完备性。实在作为真正的存在，它通过人的内在精神生活直接展现出来，同时，它又必然超出我的内在精神世界的范围，从内部把这个精神世界同在我之外的世界联系起来，最终构成无所不包和贯穿一切的全部存在物的统一体和基础。这意味着实在具有两个最基本的特征：超越性和完备性。

通过对精神实在的论述我们得知，精神世界是一个个性化的领域，它与人的内在体验直接相关，这是一个极富个性化的世界，也是人与人

---

① С.Л.弗兰克.实在与人［M］.李昭时，译.杭州：浙江人民出版社，2000：15.

之间最主要的区别。但这是否就意味着，实在是一种封闭的、隔绝的、每个人的单独的内在生活领域，它脱离统一的、普遍的、大家都一样的世界存在的实在？

弗兰克指出，心灵一方面与个人的身体有联系，因而间接地通过身体的中介而受到局限，另一方面按其自身的本质来说又是空间之外的或超空间的。因此，它是不可能被被封闭于自身之中的。他形象地比喻说："我们的'心灵'、我们的'我'的内在实在，它就像是地下矿井：在外面，在'客观现实'的表层上有一个小小的入口，里面却是广阔的、复杂的、潜力无限的'地下世界'。"① 通过这个形象的比喻，弗兰克要表达的是这样一种观点，即心灵存在不同于客观存在，它是最原初的实在，这种原初的存在，如果不同其他的、超出它的范围的东西相联系就是不可思议的。这个原初的实在依其本性而言具有超越性，超出作为受局限的东西的自己本身的界限的因素。

总之，原初的实在不同于"我的存在"和我的内在生活，它不是一般的存在，而是无所不包的。原初的实在按其本性来说不是某种内容确定的东西、某种受局限的东西，相反，它始终是不受限制的和无限的东西，它不是封闭于自身之中的领域。原初的实在虽然最直接地通过人的精神生活展现出来，但它不完全等同于人本身，而是扩展到人的整个存在领域。人的存在归属于绝对存在，这种归属感使人作为个体的存在能够获得全部肯定性、无限性的源泉。通过对"绝对存在"的参与，人的个体性不再具有个别性和封闭性。因此，人就是整个世界，人是大于人本身的存在，这就是实在的超越性，也是人的存在的超越性。

正是由于实在具有超越性，因此，"我"的存在依靠这种超越，将"我"与"非我"联系起来。这就意味着，主体的存在和客体的存在不可分割地联系在一起，因为两者都处于原初的实在之中，这种原初的实在本身不是"在我之中"和不"在我之外"，或者同时既在我之中，又

① C.Л.弗兰克.实在与人 [M].李昭时，译.杭州：浙江人民出版社，2000：31.

在我之外，因为我自己就在它之中。它是一般的存在的那个无所不包、贯穿一切的统一体。这就是实在的完备性。

通过对实在本身特性的揭示，弗兰克对实在的本质有了一个更为清楚的认识。实在，就其本质而言，"就是精神，精神的存在"①。由此，绝对和原初的实在，一方面，它高于我们，支配着我们，并且首次论证和领会那个对我们来说是我们的"我"的东西；另一方面，它又如此亲密地和我们相近，以至于我们只有在它之中并通过它才能找到构成我们自身存在的东西。由此，弗兰克引申出一个关键性的结论，即人的存在的二重性，它来源于人同客观现实和原初实在的联系。一方面，人通过自己的肉体生命，人本身是客观现实的一部分，是世界的一部分；另一方面，人通过自己的我的自我存在，人归属于超世界的原初存在。这样，弗兰克借助于"实在"这一本体论基点，引申出人的本质，即神人性，再由神人性生发出一个完满的基督教人道主义体系。

第三，神与实在的关系。通过对实在的概念及其特征的界定之后，我们发现，实在的概念在某些方面同神的观念相近，那么，实在是不是就是神呢？或者借用哲学的语言来说，从根本上能不能谈论神，把神当作哲学思索的对象？

针对这个问题，弗兰克给出了肯定的回答。神明不可能从实在中引出，因为它是实在的基础和源泉。但不可否认的是，它总是和实在观念密切联系着。神与我们称之为实在的领域有着直接的关系，而且神通过实在领域的中介与客观现实，即世界发生关系。神不可能与世界发生直接关系，因为神是世界之外的，是某种超世界的东西。因此，弗兰克总结说，神完全属于实在领域，而不是客观现实领域。不仅如此，对神的认识也不能采用认识客观现实的方法，即不能通过外在经验和理性思维认识神。

弗兰克通过对我们的"心灵"，即我们的内在的"我"挖掘神的存

---

① С.Л.弗兰克.实在与人［M］.李昭时，译.杭州：浙江人民出版社，2000：106.

在。他指出，我们的"心灵"，或者说我们的内在的"我"在两个方面表现出它所固有的不足和缺陷，表现出它的存在的某种内在悲剧。由于人具有真正的自我意识，它注定会意识到自己是孤独的，一方面，人生活在客观现实之中并且要受客观现实的支配和统治，却无所皈依。另一方面，人在人类社会和人类交往的世界中也很难使我们的心灵获得满足。甚至，当我们试图通过遁入我们自身的心灵深处，以此寻找到安宁和幸福时候，我们就会发现，我们的心灵也受盲目历练的控制。简单地说，"人为了克服来自内在和外在两方面的悲剧性因素，就需要绝对高级的力量，即拯救我们的力量，这就是'神'"。也就是说，神就是人所需要的东西，人所欠缺的因素。神，对人来说是超验的东西，离开这种超验性意识，神的观念本身就是不可思议的。

第四，弗兰克总结说，神属于实在领域，而不是客观现实领域。因此，神也具有实在的超理性的性质。与此同时，实在任何时候也不是某种"这个，而不是另一个"，它总是"这个和另一个"的统一体，也就是说，神的本质是完备性。所以说，"神既是实在的本原与中心，同时又贯穿全部实在，仿佛是普照着它的无所不包的完满。由于人也属于实在领域，所以神在自己的存在的这一方面也贯穿人、普照人、置身于人之中，因而也内在于人。因此，既然人是实在，神，或者说神圣因素就构成人的本质本身。神对人的超验性不仅与神的内在性共存，而且同它在一起组成某种不可分的超理性的统一体"[①]。

## 第二节　弗兰克论生命的意义

虚无主义思想的肆虐消解着人的意义世界和价值世界，各种偶像作为"宗教替代品"频繁出现，给人的思想世界带来了极大的混乱。为了扭转人的精神世界所面临的危机问题，一方面，要对"居统治地位的偏

---

① C.Л.弗兰克.实在与人［M］.李昭时，译.杭州：浙江人民出版社，2000：143-144.

见"进行无情批判，即彻底摧毁人在信仰危机时给自己树立的种种偶像或者说宗教替代品；另一方面，从正面积极阐释人的存在的意义与价值。因此，由批判偶像到追问人的生命之意义，这正、反两方面的理论思考在弗兰克的基督教人道主义思想中构成了一个完整的逻辑链条。

## 一、各种偶像的毁灭

19 世纪末 20 世纪初，人们面临着严重的价值危机和信仰危机，丧失宗教信仰的人们不断寻找种种"宗教替代品"，这导致各种偶像不断涌现并影响着人们的精神发展。通过对俄罗斯社会思想的长期观察与总结，弗兰克认为，俄国社会主要流行以下几类偶像：革命偶像、政治偶像、文化与进步偶像、道德理想偶像和精神自由的偶像。这些偶像在人的思想和生活实践中产生了极大危害，因此，必须破除偶像崇拜的魔力，唯有如此，人们才有能力接受真正的信仰，进而摆脱精神危机。

第一，各种精神偶像逐一毁灭。一是革命偶像的毁灭。通过对包括十月革命在内的俄国革命和第一次世界大战的冷静反思，弗兰克得出一个结论，即企图建立一个让人民彻底摆脱一切不平等、不正义的苦难的公平正义的理想社会和体制的希望都以失败而破灭，因此，革命的偶像应该彻底毁灭，因为革命并不能从根本上解决恶的问题，往往还制造了恶。但是，弗兰克同时也指出，革命偶像的毁灭并非坏事，它可以使俄国人民不再对革命抱有希望和幻想，更主要的是，它意味着"深刻精神转变的开端、第一阶段或第一征兆"。

二是政治偶像及其毁灭。政治偶像是与革命偶像相关联的，即认为只要建立合理、公正的制度就可以消除一切恶。但是，俄国和世界历史已经证明，革命胜利之后所建立的新制度，无论是君主制或共和国、社会主义或资本主义、国家政权或无政府、贵族政治或民主主义，都没有给人带来理想中的安宁和幸福。因此，人不能为任何政治和社会制度而生活，一切制度都是外在于人的本性的。

三是文化偶像的毁灭。所谓的文化偶像可以不太确切地称之为"在世界上占优势的是进步，是人类的逐步而不断的道德和理智的完善"。弗兰克指出，文化偶像一方面是近代以来，俄罗斯人是如此崇拜战前的欧洲文化，并渴望加入欧洲文明的大家庭，可是在外部辉煌成就背后的缺失使人类灵魂变得空虚和残酷。文化偶像的另一方面是以理性主义文化为根基的进步观念。第一次世界大战的爆发充分暴露了理性主义文化背后的非理性因素，同时也宣告了以进步观念为核心的历史乐观主义的破产。文化偶像的毁灭带来了致命的结果，"我们在我们周围的一切社会生命和人的生命中再也找不到我们可以放心地站立其上的稳定的支点和坚实的土地。我们被悬在半空中或在云雾里，我们不能辨认，哪里是会吞没我们的惊涛骇浪，哪里是我们能够找到栖身之所的岸边。人陷入高度的迷茫状态，从精神层面而言，人陷入一种无家可归之状态"[1]。因此，弗兰克号召"从这个模糊不清的、分裂不整的、矛盾的、虚幻的文化概念回到更根本更简单的生命及其永恒的精神需要与要求的概念"。

四是道德理想偶像的崩塌。在弗兰克看来，其他几种偶像相对于道德偶像而言只能称之为"外部根据和特征的前奏或序言"，道德理想偶像是内在的并且是最根本的偶像。道德理想偶像认为，人的一生应该服务于某项伟大的共同事业，参加这一事业就能使个人的生命充满意义，反之，则个人生命丧失了意义。正是在这一思想的指引之下，许多知识分子不顾一切地投身于斗争和革命之中，革命中所暴露出来的恶使道德理想偶像也彻底毁灭。最后，弗兰克认为，道德理想的毁灭的意义就在于，我们不会再相信任何的"绝对道德律令"，因为这种抽象的道德理想和规范具有冷酷无情的强制性，它们强行统治着我们的灵魂。

五是空虚的精神自由的偶像。在弗兰克看来，空虚的精神自由的偶像认为，人只要不寻找任何意义，不献身于任何东西，而只是享受生命，

---

[1]　弗兰克.俄国知识人与精神偶像 [M].徐凤林，译.上海：学林出版社，1999：192.

就会寻觅到生命的意义，它实质上是一种个人完全自由的幻想。这种幻想无法成为我们立足其上的"坚固根基"和"自己的家园"，因为"我们被悬在无底深渊的上空，因为失去了我们的精神和个性与存在的内在联系，我们却想恢复这种联系，找到坚固的精神基础"。而现在的我们"不是苦于精神力量的过剩，而是苦于精神力量的不足"，失去信仰带给我们的只有惊恐、孤寂和痛苦。

第二，偶像毁灭的意义。偶像崇拜意味着人的内在精神危机，关于人的精神危机，弗兰克有着经典的描述："有思想的俄罗斯人都自觉地经历了我们的悲剧性的社会历史和精神历史的四分之一世纪，并从中学会了某些东西；在他们的精神之路中包含着具有客观价值的、尤其是当代青少年一代所需要的东西。此外，我认为，尽管这两代人在生活经验值多少以及经验的主要内容上有差别，但他们之间不仅没有互不理解和互不相容，而且有、至少是可能有世界观或生活之路上的某种深刻的内在一致性，因为这两代人的精神面貌是在同一个极其重大的过程的影响下形成的，这个过程在革命之前便早已开始，只是以革命的悲剧而告终。这个过程就是，真正的宗教信仰经历了一切偶像的破灭之后而生成的过程，19世纪俄国知识分子之灵魂就为这些偶像所诱惑，而且西欧人在一定程度上至今仍生活在偶像的崇拜之中。"① 因此，必须指明人所生活于其中的种种虚幻偶像及其危害，这是寻找生命意义的最重要前提。

弗兰克认为，偶像崇拜破坏了人的信仰，使人类失去了追求绝对的能力，丧失了信仰上帝的能力。"在厚颜无耻的无信仰中，在疯狂的、自觉的偶像崇拜和古老信仰中，表现了先前的灵魂安宁已经丧失，先前的天真善意的无法验证的信仰已不再可能，也表现了对真正信仰的需要和对真实可靠的而非虚伪的生活准则的不知不觉的追求。在这样一种宗教危机中，其中那些中性的、外在的旧人道主义的全部偶像都走向毁灭，

---

① 弗兰克.俄国知识人与精神偶像［M］.徐凤林，译.上海：学林出版社，1999：79.

而一种重新接受永恒的生命真理启示的能力正在精神深处成长起来——在这种危机之中，我看到了上述那些危险的和毁灭性的的迷茫的深奥意义以及走出迷茫的出路。"① 因此，弗兰克对偶像的毁灭持乐观主义的态度，因为它们的毁灭"实际上是一种解放，是灵魂的净化，清除了虚幻的和僵死的东西，——这是一种完全必要的净化，只有如此才能使灵魂沉入永恒的和包容一切的真正生命的源泉"，也正是在灵魂空虚和极度痛苦中，"灵魂就会与活的上帝相遇"。

## 二、追问生命的意义

弗兰克所生活的时代，正是俄国经历了革命和战争的年代。面对世界的动荡、人生命运的乖戾无常和价值的虚无，对人生意义和目的的思考成为俄国思想界一个大问题。"它变成了一切主义的枢纽，一切无神论、有神论、个人主义、社会主义都围绕着它转。"② 弗兰克以自己哲学家的敏锐触角及时捕捉住现实生活对理论的诉求，从探索生命意义问题开始了自己基督教人道主义思想体系的构建。

在弗兰克看来，生命的意义问题实质上就是生命本身的问题。它的重要性在于任何人都无法逃避它，即使我们采取"鸵鸟政策"，或者停留在"埋头于眼前利益、只关心物质生活、物质财富、物质满足和世俗成就，或埋头于某种超个人的欲望等之上"，或者干脆就放弃承认这一问题的存在，我们也无法做到完全和永远回避它。因为"当我们面临死亡的逼近、不可避免的衰老和疾病、时光和生活的一去不复返之时"，我们最终还是要直面它。因此，我们必须从正面解决人生意义问题。那么，生

① 弗兰克.俄国知识人与精神偶像［M］.徐凤林，译.上海：学林出版社，1999：80.

② 赫克.俄国革命前后的宗教［M］.高骅，杨缤，译.上海：学林出版社，1999：294.

命到底有没有意义呢？

在弗兰克看来，人的生命是有意义的，这一问题内在包含着理论和实践两个层面：一方面，探索和完善有关生命意义的理论；另一方面，在实践中创造和实现生命意义。在他看来，当下最为迫切的是从理论上解决生命意义问题，因为"当我们发现了真正存在及其最深刻的核心之后，我们就因此拥有了真正完整的生命，也就理解了从前无意义的东西的意义"①。

弗兰克指出，生命的意义不可能在经验世界中获得，因为人在经验世界中常常受到种种偶像的诱惑，偏离对生命意义追寻的轨道，将一些虚无的偶像作为自己生命的终极目标，进而导致人的空虚与无意义状态。他认为，这是人在追寻生命意义过程中必然经历的有意义的生命旅程，它为进一步探索生命意义问题扫除思想障碍。正是在这样的前提下，人开始了进一步的探索与追寻，"一旦我们真正仔细地关注我们的内在生命这一事实并感到了它的无比重要的时候，我们心中就不自觉地产生了另一种情绪，不是我们内在生命的这一事实，而是与此不适应的整个世界，对我们来说成为莫名其妙的了，不是我们应当改变自己，适应经验条件，忘记我们存在的本原，而是整个世界应当成为另一种样子，以便给我们的自我的最深刻本质和永恒追求提供活动空间和满足。我们至少已经隐约感到，这个从对象的经验世界观点看是微不足道的事实——亦即被叫做人的两足动物不能安于世界上的生活，它为莫名其妙的内在不满而痛苦——这一事实证明了我们属于另一种更深刻、更完全和更合理的存在。尽管我们是这个世界的软弱无力的俘虏，尽管我们的造反由于软弱无力而只是一种难以实现的企图；然而我们毕竟只是这个世界的俘虏，而不是它的公民，我们依稀地记得我们真正的家园，我们不羡慕那些能够完全忘记这个家园的人，我们对他只有蔑视或同情，虽然他们取得了生活

---

① 弗兰克.俄国知识人与精神偶像［M］.徐凤林，译.上海：学林出版社，1999：232.

成就而我们只有痛苦。我们的这种真正的精神家园、我们精神食粮和真正生命的这块向往的土地，就是人们叫做上帝的东西……"①

弗兰克进一步指出，要使生命获得意义还必须满足两个条件，一是上帝的存在，一是我们自己参与其中。上帝的存在是必要条件，但不是充分条件，人自己必须参与上帝的存在，放弃人自己的感性欲望、精神的高傲、自私行为等等。因为，"人永远都是软弱无力的稻草，既可以被世俗的情欲、也可以被世界的暴风雨所吞没，他的生命永远是片段，容纳不下所渴望的精神完满性，恶、愚蠢和盲目的情欲将永远统治世界"，而"上帝是善的、理性的和永恒性的力量的绝对基础，是这些力量战胜恶的、无理性的、暂时性的力量的绝对基础，是这些力量战胜恶的、无理性的、暂时性的力量的保障"。再者，我们应当加入上帝的存在，应当通过最大限度地揭示自己的本质来寻求生命意义，在获得和加入上帝的创造性的过程中来把握生命意义。

追寻上帝，并以自己的积极实践活动参与上帝之中固然是人的生命意义所必需的，但是，弗兰克并未因此而彻底否定人的世俗生活存在的价值和意义。弗兰克从相对与绝对的辩证关系来解释人的世俗生活与神圣生活之间的关系。在他看来，上帝作为绝对，人的经验以及生命中的一切其他东西都是相对的。绝对的东西只有通过相对的东西的对立才能找到，绝对的东西外在于和高于相对的东西；但是，绝对的东西也贯穿于相对的东西之中。因此，人的一切外在事业，即世俗生活都以神圣生活为最终基础。总之，"使生命有意义的、因而对人有绝对意义的惟一事业就是加入神人的生命"②。

---

① 弗兰克.俄国知识人与精神偶像［M］.徐凤林，译.上海：学林出版社，1999：183.

② 弗兰克.俄国知识人与精神偶像［M］.徐凤林，译.上海：学林出版社，1999：244.

## 第三节　弗兰克对西方人道主义思想的梳理与批判

为构建人道主义哲学思想体系，弗兰克首先对西方人道主义思想发展脉络、基本思想及其理论主题进行了集中的梳理与批判。

在常识性观点看来，人道主义肇始于文艺复兴，是文艺复兴将人们关怀和关注的中心从上帝拉回到人的身上。弗兰克并没有盲从于传统观点，他通过研究发现，在古希腊罗马的宗教意识中，人是有限的并受到神的摆布，神灵本身不是万能的，而是有限的，这实质上暗含着人与神的类似思想。他还发现，人虽然是有限的，但人是具有高级本体基础和崇高价值的动物。就此而论，"人与上帝相似的思想在这里表达得最为清楚，并且具有很大作用"。正是基于这两点发现，1946 年在《人与上帝同在》一书中，弗兰克明确而肯定地指出，人道主义并非起源于文艺复兴，"古希腊罗马世界就是'人道主义'的真正故乡，是最早认识并以高尚形式逐渐阐明人的尊严、人的形象的美和意义的地方。使徒保罗在对雅典人发表的演说中，引证古希腊人的一句话'亦同圣类'，指的就是这种以人与神相似为基础的古希腊罗马人道主义"①。海德格尔的观点从另一个方面佐证了弗兰克的思想，"我们在罗马碰到了第一个人道主义。因此，第一个人道主义在本质上仍然是一种特殊的罗马现象，此种特殊的罗马现象是从罗马人与晚期希腊人的教化的相遇中产生出来的"②。最后，弗兰克指出，古希腊罗马孕育的人道主义精神也存在明显的理论缺陷，但无法保证神与人的联结、联合一致和内在联系。这一问题在中世纪基督教意识中得到了解决。

弗兰克认为，在基督教意识中不仅包含着神与人相似的思想，而且

---

① 雷永生：论 C. 弗兰克对人道主义思想的梳理 [J]. 中国青年政治学院学报，2003 (3) 69－73.

② 孙周兴：海德格尔选集（上）[M]. 上海：上海三联书店，1996：365.

还产生了神与人之间存在有机联系的思想。这种思想根源于"基督教关于上帝乃慈父、天堂乃人类灵魂的栖息所的启示"，通过将上帝类比成慈父、天堂与人的灵魂之间的联结将神与人紧密联系在一起，"上帝和人之间的联系就是爱的联系——上帝本身就是爱，这个上帝的本源便是人存在的基础"①。但他同时指出，虽然人与上帝之间存在着有机联系，但是，一方面，上帝依照自己的形象造人，上帝的本质比人的本质更高级。另一方面，强调上帝的本体论本质也不会贬低人，从而丧失了人道主义的本真含义。因为真正的人道主义并不是脱离上帝的怀抱而放纵人的欲望，而是只有在上帝的怀抱中，才能实现人的崇高价值，也才能彰显出人道主义的本真含义。

需要指出的一点是，弗兰克的基督教人道主义主要植根于新约思想，而他对基督教旧约中的人道主义持批判的态度。他认为，虽然在旧约中就已经存在人神类似的思想，但旧约中强调的乃是"人是微不足道的和奴隶般服从上帝的意志"。这实质上是对人的尊严和自由的贬低。因此，他认为，基督教的人道主义主要来源于新约的福音书。也正是从新约中，他得出了人道主义的概念："人道主义，人对自己、对自己崇高的天赋、对自己积极创造生活和好行善事的能力的信念——这一切完全正确；寂静主义、消极、安于自己微末地位的决心——这一切是有罪的大谬误。上帝期望于人的不是消极无为，而是紧张的精神和道德的积极性。人理应不是神意和神力作用的简单客体，而是有积极作用的、有责任心的、意识到自己力量的主体——上帝的积极助手；谁有这种意识，谁就是懒惰而奸狡的奴隶"②。

中世纪阶段，上帝与人之间恢复了旧约中的"主奴"关系，基督成

---

①　刘小枫.西方宗教哲学文选（上）[M].杨德友，董友，译.上海：上海三联书店，1991：193.

②　刘小枫.西方宗教哲学文选（上）[M].杨德友，董友，译.上海：上海三联书店，1991：196.

为站立于众人之上并统治众人的君主，由此，人道主义走向反人道主义。弗兰克指出，在中世纪与近代之交，西方人道主义曾经有机会在基督教土壤中得以丰富地发展。因为，柏拉图主义再加上新的思想视野和古代智慧以及对伟大创造力的新感受，应该会推动对基督教神人性观念的深刻领悟。然而，人类的精神发展中发生了从一个极端到另一个极端或者片面性的跳跃。在尊重人的名义下产生了对教会传统的反抗，并且发展为对基督教乃至宗教信仰本身的反抗，西方历史由此步入文艺复兴和启蒙运动时期。

弗兰克认为，在文艺复兴时期，西方人道主义思想发展呈现两条主线：一是占据主流意识形态地位的世俗人道主义或者说庸俗人道主义；另一条暗线则是基督教人道主义。在文艺复兴和启蒙运动之后，世俗人道主义思想占据上风并呈现不同的表现形态。

世俗人道主义以对上帝的反叛、弘扬人的自然本性和神圣权利为宗旨，提倡以人权取代神权。弗兰克认为，基督教意识在文艺复兴时期出现深刻危机，即基督教关于神人性、关于人与神之间相近性的观念，不但没有被充分认清和实现，反而得到敌视基督教甚至整个宗教的思想运动的响应。欧洲近代史的全部悲剧，"就在于人的神人性观念——说来令人难以置信——是通过人对神的大规模反抗才得到比较充分的实现的"[①]。这导致基督教信仰与非宗教人道主义分离，西方的精神文化史走上了"病态的发展道路"。随后，弗兰克指出，西方庸俗人道主义最典型的代表就是尼采和马克思。尼采对"超人"，即神的崇拜实质上否弃了人性的存在，而马克思的人道主义，则主要从经济上考察人的本质，人通过整个无产阶级的集体革命来建立一个未来社会，实质上，马克思用集体的人取代了个性的人，"人成为人类蚁群中的一只蚂蚁，成为庞大的神化的社会机器上一个无足轻重的辅轮"[②]。因此，他认为，无论是尼采还

---

① С. Л. 弗兰克.实在与人［M］.李昭时，译.杭州：浙江人民出版社，2000：157.

② С. Л. 弗兰克.实在与人［M］.李昭时，译.杭州：浙江人民出版社，2000：163.

是马克思的人道主义都宣告非宗教人道主义的解体，因为"人被奴役化、野兽化"，人失去了自己的本质，即人与神相似性。

弗兰克指出，西方文艺复兴时期的人道主义思想主要体现在尼古拉、伊拉斯谟和艾克哈特、波墨为代表的 14—15 世纪的神秘主义宗教学说中，这条基督教人道主义发展脉络在文艺复兴和启蒙运动时期的思想潮流中并不占主要地位。

最后，弗兰克总结说，西方人道主义思想的弊端在于神与人的疏离，人脱离神的怀抱后导致人性变成了兽性，世俗人道主义转向反人道主义，人的危机再现。为此，必须将人拉回到上帝的怀抱，因为真正意义上的人道主义是必然与上帝同在的，唯有如此，光明才能出现在黑暗之中，才能逐渐驱散黑暗。人只有与上帝融合在一起，才能展现自己真正的本质。因此，必须重建人道主义，但弗兰克否认要回到文艺复兴时期，以及以与基督教仍保持联系的尼古拉等人为代表的人道主义，而是认为只有立足于新的基督教人道主义，即以神人性为核心的基督教人道主义才能解决人的危机问题。因为，西方人道主义思想史已经证明，片面地以神或者人为中心都将使人道主义走向反人道主义，只有以"神人性"为中心的基督教人道主义才能超越西方人道主义思想的局限。

## 第四节　弗兰克人道主义哲学视域下的人、世界与社会

弗兰克的基督教人道主义以神人性理论为出发点，通过对人的神人性本质的体认，阐述了人的内在性与超越性的二重性本质、人的神性与人性的关系以及人与神的关系等问题。正是通过对人的本质的深入挖掘，弗兰克发现，人的本质决定了人的精神家园在上帝那里，而在当下的世俗社会中，人与上帝越来越疏离，这直接导致人丧失了自己的精神家园并日渐陷入精神危机状态。为扭转人背弃上帝所带来的悲剧状态，他提

出了重返宗教怀抱，通过神人之路根本解决人的悲剧问题。

## 一、弗兰克人道主义哲学视域下的人

上帝的存在是基督教信仰的前提和基础，对这一信念的任何怀疑和动摇都会导致基督教神学体系的瓦解，这一命题因而成为神学和哲学关注的焦点。自从基督教诞生以来，对上帝存在的证明就不断推陈出新。

在俄国宗教哲学观念中，上帝不是至高无上的外在权威，而是从人的内心深处揭示出来的，并且只有沉入自己灵魂的最深处，才能与活的上帝相遇。弗兰克遵循这一俄国宗教哲学传统观念，他指出，"神按照自己的形象和自己的样式创造了人"，这一意识已经预先确定了神的存在。不过，这种意识应当按照相反的顺序来表达，即把人的内在本质作为出发点。这意味着，弗兰克对上帝存在的证明不是从神走向人，而是从人走向神。

第一，弗兰克人道主义哲学存在的前提性论证。超验之物的存在是基督教信仰的基础，对这一信念的任何怀疑和动摇都会导致基督教神学体系的瓦解，因此，这一命题成为宗教哲学和神学关注的一个中心。在基督教思想史上，最为著名的当属安瑟伦的本体论证明和阿奎那的"五路"证明。安瑟伦继承了柏拉图的哲学观点，认为神学问题可以通过哲学的逻辑思辨、论证加以解决，他的主要贡献在于他提出了上帝存在的本体论论证。他认为，一般是独立于个别之外的独立实在，是个别事物的基础和个别事物必须服从的原则，普遍概念限于单个的事物，后者只是作为"一般"的结果而存在。唯实论的观点认为越是一般的东西越具有实在性，上帝的观念是最一般的，所以上帝是最高的实在。托马斯·阿奎那在《神学大全》中提出了关于上帝存在的著名的五种论证。一是不受动的始动者的论证，正如上述。二是第一原因的论证，同样基于无限追溯的不可能性。三是一切必然性必有其最初根源。四是世界上存在着种种完美的事物，而这些必定渊源于某些至善至美的事物。五是我们发现很多无生物都在完成一个目的论：这个目的必定存在于这些无生事物的外部，因为只有有生事物能有一个内在的目的。这五种论证方式都是通过逻辑推演的方式而获得的。

在弗兰克看来，阿奎那的大部分证明都带有从世界的内容进行推理的性质，可以肯定，我们在认识世界结构的时候不能不承认神的存在，神是"不动的第一推动者"，是合目的的世界结构的始因或来源。在所有这些方面被认为是宇宙的基础，在这个意义上也是某种与世界一样具有客观存在的一般范畴性质的东西。弗兰克指出，任何时候都不要认为理性是最高等级，它以自己的权威检验和核准心灵的声音。相反，在认识上帝方面，理性仅仅是心灵声音的另一个方面。对神的实在性的感知不是纯粹理性的观察，而是生动的直觉。神的不可理解的和不可言状的本质说明了，对于神的所有理性的"证明"都只是对于这种对神的神秘体验的次要的、派生的解释。弗兰克接受了圣安瑟伦的本体论论证①，认为上帝的观念和这一观念所指，即上帝的存在是不可分的，因为关于上帝的全部思想就是上帝在我们之内的思想。也就是说，上帝的存在是自明的，不需要任何逻辑证明。

在对西方思想史上存在的有关上帝存在的论证方式进行批判性分析之后，弗兰克指出，实际上存在着两个上帝，一个是"哲学家们的神"，另一个是"亚伯拉罕、以撒和耶稣基督的神"。而在弗兰克的视域内，上帝只有一个，那就是"亚伯拉罕所敬仰和供奉的上帝"。如果说对前一个上帝，需要在哲学上进行种种证明，安瑟伦和阿奎那的证明都应归属此类。而对亚伯拉罕的上帝，它是超理性的，任何理性的证明方式都无法证明上帝的存在，只能通过内在的宗教体验来证明。在俄国宗教哲学史上，陀思妥耶夫斯基的证明最具代表性，即上帝存在的心学证明②，它既

---

① 叶夫多基莫夫.俄罗斯思想中的基督［M］.杨德友，译.上海：学林出版社，1999：141.

② 徐凤林.俄罗斯宗教哲学［M］.北京：北京大学出版社，2006：33.

不同于本体论证明，也不同于宇宙论证明。他没有把神看作在人之外的主宰者，也不是自上而下地从神的恩典和爱的观点来看人，而是站在人的立场上，确认神性是人的精神内在固有的，只不过它不是现成的和明显的给定物，而是经过痛苦的历程才能揭示和呈现出来的。神的存在与其说是人的生命的前提，毋宁说是生命历程的结果，是人的存在及其命运的痛苦的结果。陀思妥耶夫斯基的心学证明，实质上也就是人学证明，从人的内在本身挖掘出上帝的存在。别尔嘉耶夫对此评价道："……所谓对上帝存在的人类学证明要有力量得多，……这不是对上帝存在的证明，而只是指出了这一存在，因为它在人身上揭露出了精神本质。……上帝是不能用那些总是得自与上帝并不相似的那个世界的理性概念加以思考的。"① 弗兰克走的也是这样一条证明路径。

弗兰克指出，神的存在的问题实质上可以划归为这样一个问题，即在实在中能不能找到我们个性的真正的基础，也就是这样一个等级，它具有人的个性的全部正面本质，同时又能弥补并中和纯粹人的个性存在的无根据性和主观性。他不再从外部去寻找上帝，而是把上帝限定在人自身之内，也就是从人的内在世界，即个性中去感知神的实在性。他指出，"惟一的，但完全适用的'神的存在的证明'是人的个性本身的存在，对这种存在，必须从人的个性的深度和重要性上来认识，即从人的个性作为超越自身的本质的意义上来认识"②。如果一个人意识到自己是有个性的人，也就是说，是一个不同于外部客观存在，而且以自己的深刻性、永恒性、重要性优于客观存在的人，如果他感到自己是一个被放逐的人，在这个世界上没有真正的栖身之所，那么就意味着在另一个领域有他的故土家园。对人的此种精神感受，弗兰克描述道："我们不满足于现有的经验世界，而追求现实世界中所没有的绝对真理、最高幸福和

① H.A.别尔嘉耶夫.精神王国与凯撒王国 [M]，安启念，周靖波，译.杭州：浙江人民出版社，2000：17-18.

② С.Л.弗兰克.实在与人 [M].李昭时，译.杭州：浙江人民出版社，2000：134.

终极意义。这一事实证明了我们属于另一种更深刻、更完全、更合理的存在。尽管我们是这个世界的软弱无力的俘虏，尽管我们的造反由于软弱无力而只是一种难以实现的企图；然而我们毕竟只是这个世界的俘虏，而不是它的公民，我们依稀记得我们真正的家园，我们不羡慕那些能够完全忘记这个家园的人，我们对它们只有蔑视或同情，虽然他们取得了生活成就而我们只有痛苦。"① 人对自身存在的不满也证明了上帝的存在。他指出，人对自身缺陷的感知主要体现在两个方面，一是意识到外在世界给人的孤独感、冷漠感、痛苦感；二是内在世界为摆脱外在的一切而产生的盲目性和无根据性。"要克服这两方面的悲剧性因素，就需要绝对高级的力量，即拯救我们的力量，这就是'神'。"② 也就是说，神就是人所需要的东西，人所欠缺的因素。神，对人来说是超验的东西，离开这种超验性意识，神的观念本身就是不可思议的。迫使我们在我们之外去寻找神的，就是神在我们身上的存在和作用。

在弗兰克看来，人的存在不仅有身、心二分，而且人的灵魂也具有二重性。一方面，人的内心生活受生理过程制约、受自然规律支配，属于自然界或世界；另一方面，人的精神具有超客观现实性、超世界性。这种超越性表现在人的认识能力、道德生活和创造能动性。也就是说，人除了直接拥有自身实在性、自己的思想、意识的内在生活，还有对自身存在的关注、反思、评价，那就是人对自身现状感到不满。"有谁一旦强烈地沉思于什么是他所寻求的真正的善、或幸福、或永恒，他同时也就知道，这种东西已经在某种意义上存在了。尽管它与经验世界的一切可能性相矛盾，尽管我们在自己的感觉经验中从来没有遇见过它，尽管从人们的日常经验和一切同行的概念观点来看，它是有矛盾的、不可能

---

① 弗兰克.俄国知识人与精神偶像 [M].徐凤林，译.上海：学林出版社，1999：215.

② С. Л. 弗兰克.实在与人 [M].李昭时，译.杭州：浙江人民出版社，2000：128 - 129.

的。既然我们的心把我们引向它，因而我们的眼光投向它，那么我们就看见了它，因而它就存在"①。弗兰克认为，人的这种精神目光的载体或来源，人心灵中的这种自身欠缺的意识和对理想、完满的渴求，人的这种超越性，就是神的存在的证明，也是人的本质。这也是"人是什么"这个永恒问题的最佳答案。"人的本质在于，在其自觉存在的任何时刻，他都在超越一切实际给定之物的范围，包括实际给定的他自己的存在。没有这种超越，人的自我意识行为就是不可想象的。"② 人只有从这高于一切实际给定之物的另一个领域中，才能获得他在这个世界中的能动性的指南和力量。

弗兰克指出，《福音书》曾教导我们："你去寻找，就能得到；你去撞门，门就向你敞开。"这两句话实质上就是告诫我们，对神圣真理的把握不是建立在对权威的不自觉的、盲目的信仰基础上的，而是针对这样一种信仰，即把眼光投向精神存在，关注精神存在的命运。有谁把自己的眼光投向精神存在，他就会知道，这两句话的含义和真理性就在于，对上帝的寻求就是上帝在人的灵魂中的作用。上帝不仅一般地存在，否则我们就不能想象和寻求它了，而且它的存在与我们从经验中所了解的一切存在都不同，它正是与我们同在或就在我们心中。对上帝的寻求本身就是我所寻求的东西的实在性在我心中的表现。对上帝的寻求就已经是上帝在人的灵魂中的作用。

可见，弗兰克不是像安瑟伦和托马斯那样，用逻辑和辩证法来对神的存在进行理性证明：严格地说，弗兰克不是"证明"，而是从人的存在的深层来"挖掘"和"体验"神的存在。这样，在弗兰克这里，神的存在和人的存在是紧密相连的。对神的存在的证明也是对人的存在的证明，人学和神学是融为一体的。在他看来，神就是人所需要、人所欠缺的东

①　弗兰克.俄国知识人与精神偶像［M］.徐凤林，译.上海：学林出版社，1999：208-209.

②　C.Л.弗兰克.实在与人［M］.李昭时，译.杭州：浙江人民出版社，2000：212.

西，人的存在的根本基础和最高等级就是神。这也就印证了别尔嘉耶夫的判断，研究人可以有两种视角：从下向上或者从上向下[①]。显而易见，弗兰克走的是从下向上的路线，即从人走向神。

第二，绝对的属性：超验性与内在性的有机统一。在弗兰克看来，绝对（为了表示对上帝的敬畏，弗兰克有时候用绝对指称上帝）是哲学唯一的和独特的对象[②]，它具有两方面特征：一方面，神对于我来说是外在的、超验的等级，也就是说，神具有超验性。对于作为自我意识的主体的我来说，神是纯粹超验的，从外部同我对立的等级。对于神的超验本性，弗兰克认为，主要是根源于神是造物主的地位。神创造了人与世界，因此，从宗教本体论的角度来讲，神是一种自足的、自为的存在，其存在之根基就在于其本身，相对而言，人与世界作为神的造物，从本体论角度来说属于非存在。

另一方面，弗兰克认为，最重要的是阐明上帝的内在性的来源。上帝具有超验性对于我们而言似乎是情理之中的事情，但是上帝具有人性、内在性是什么意思呢？他指出，所谓神的内在性就是人性。上帝之所以具有人性，源于道成肉身，"上帝通过虚己，就是虚其神性，而以人性的面貌呈现在众人面前"[③]。这意味着，人性也是上帝的基本属性，上帝扎根于人身上，人扎根于上帝之中，人没有上帝不能存在，上帝没有人也无法存在。这也就是说，神又内在于人，人具有同神的相似性，这两方面应如此结合起来："人可以而且应当'神化'，——内在地归附于神的因素，并且接受它，作为自己存在的惟一真实和最深层的基础。但是只有当人强烈地意识到神的因素是超越于纯粹受造的、外在于神的人的本质的条件下，这种神的因素才能成为人的存在的内在基础。为此，人

---

① Н. Я. Бердяев. Проблема человека［J］. путь：№5.

② С. Л. Франк. Русское мировоззрение［M］.СПб.：Наука，1996г，стр.58.

③ 叶夫多基莫夫.俄罗斯思想中的基督［M］.杨德友，译.上海：学林出版社，1999：141.

应当摈弃自我，摈弃自己的自我中心主义，把自己存在的中心或支点从自己纯粹自然的本质移到神身上。人只有摈弃自己的自足的、非理性的自然存在，自愿地服从神的意志，才能首次获得自己，获得自己真正的最高本质，因为神的意志是超验的等级，只有它才能使人得到他自己的本质的完满。"①

在弗兰克看来，如果上帝没有人性，那么，人与神类似和人与神相似、人与神间的结合都是无法实现的。因此，"我们直接确信我们与上帝相关联，我们接近上帝，我们可以达到上帝，因此我们能够获得神的生命的完满。因为，上帝不仅是作为另外的、最高的、把我们无限抬高的绝对本原而显现给我们的；同时还是作为我们自身存在的第一源泉和第一基础而显现给我们。因为，我们直接感知到，我们与其说是自己活着和真正存在着，莫若说是存在于上帝之中，依靠上帝的力量而生存。上帝本身就是我们的存在"②。

第三，人的问题。自古以来就是哲学和神学研究的共同主题，自从苏格拉底提出"认识你自己"以来，这个"斯芬克斯之谜"始终成为哲学家和神学家研究的中心，各种关于人及其本质的解说和论著汗牛充栋。面对此景，马克斯·舍勒曾对人的问题的解释与阐释进行过归纳③：一是犹太—基督教传统的关于亚当和夏娃，关于创世、天堂和堕落等等的思想范围。二是希腊—古典文化的思想范围。在这个思想范围里，世界上有史以来第一次人的自身意识上升到了人的特殊地位，并且归结在这样一个命题中，即人之所以为人，乃是因为人具有理性等。三是传统的自然科学和发生心理学的思想范围。这种观点认为，人不过是地球发展的一个后起的最终结果，也就是说，人乃是一种存在物，与他在动物界中

---

① С. Л. 弗兰克. 实在与人 [M]. 李昭时，译. 杭州：浙江人民出版社，2000：151-152.

② 弗兰克. 俄国知识人与精神偶像 [M]. 徐凤林，译. 上海：学林出版社，1999：223.

③ 刘小枫：舍勒选集（上）[M]. 上海：上海三联书店，1999：1327.

的前形式相比，只是在能量和能力的复杂程度上有所不同而已。实际上形成了一个自然科学的、一个哲学的和一个神学的人类学。然而，我们却没有形成统一的关于人的观念。由此，舍勒才发出了"人是如此的浩淼无垠、五彩缤纷、形形色色，以致所有的定义都不免言不达意。人真是千端万绪、扑朔迷离"的慨叹。

对人的本质问题的思考，弗兰克继承了俄罗斯东正教神学传统中的观念，即将人的问题置于东正教宏观背景之下进行思考和研判，因此，他得出了人的问题实质上就是神的问题，人和神是同一问题的两个不同方面的结论。

弗兰克论人的神人性本质。在弗兰克看来，"人是什么"这一哲学探究的永恒问题，它的重要性不亚于神的存在的问题。在对人的本质定义上，弗兰克沿着索洛维耶夫所开创的理论先河，确认人的本质在于其神人性。更进一步说，"使人成为人的东西——人的人性因素，就是他的神人性"①。也就是说，人身上固有其自然本性，或者说内在性、人性，同时又具有来自神的神性或者说超越性，人是人性与神性、抑或说内在性与超越性的和谐统一体，这也就是人身上的二重性。因此，我们关于人的问题的全部进一步的讨论，应当是对这一观点的论证和阐释。

随之，弗兰克对人的本质的二重性展开进一步阐释。所谓的内在性是指人性，人是自然的动物，他存在于时间之中并且要同世界发生关系，或者说同客观现实发生关系，这就决定了人受自然必然性的束缚，人同其他动物一样必须面对生老病死等问题。总之，人作为自然的和世界中的活物，人是极其软弱的动物，正如帕斯卡尔所言，"人如同芦苇一样，一滴水足以要了他的命。但是，人同芦苇最大的不同就在于他有思想"，这就是人同其他动物的根本区别，人能同一切事实上存在的东西保持距离，其中包括它自己的现实性。不仅如此，人性的独特之处还在于克服并改变他的本性，或者可以表述为："人总想变得比他本人大，与他本人

---

① С. Л. 弗兰克. 实在与人 [M]. 李昭时，译. 杭州：浙江人民出版社，2000：143.

不一样，而由于这种愿望是他自己本人，所以，人的特殊性在于他比实际上的他要大。人是不断克服自我、形成自我的动物。"① 正是由于人的这种特性，所以人总是企图超越自己的本性。在弗兰克看来，这就是人身上的超越性。

超越性（transcendence）一词来自拉丁文 transcendere（意即超过、攀越），它具有以下三点含义："一是超感觉的、无形的东西，与感觉、有形、个体相对；二是指无限的东西，与有限相对；三是指在先，包括逻辑上在先和实践上在先。"② 超越性作为人的存在和活动的根本属性和内在特质，分为内在超越和外在超越。人的内在超越是指在人的主观、意识、精神范围内所实现的一种超越。因此，从总体上来看，弗兰克所强调的超越主要是指人的内在超越。从神人性观念出发，弗兰克进一步展开论述人的超越性。他认为，人的超越性的理论依据是《圣经》，"神照着自己的形象造人"，这是人的牢不可破的神性基础，更是人的本质的最重要方面。人不仅具有内在性，人又是具有自我意识的实在的主体、精神、参与者。"人的精神的这种深层，既不等同于神，也不是神的一部分，仿佛是处在神和'神造物'中间的位置上，它是'一种神圣的东西'，……是人身上'超人的'东西。"③

在弗兰克看来，人的超越性的意义对于人而言意义深远。作为上帝的造物，我们"从虚无之中"被创造出来，软弱无力，微不足道，若无它的创造力，我们每时每刻都会堕入虚无的深渊；与此同时，我们也意识到自己"与上帝相似"，我们是"上帝之子"，我们意识到了神人，意识到上帝与人之间的联系。我们不能把自己与上帝等同，但我们也不能把自己与上帝分离和对立，因为如果这样我们就会立刻毁灭，堕入虚无。

---

① C·谢·弗兰克.社会的精神基础 [M].王永，译.北京：生活·读书·新知三联书店，2003：91.

② 张世英.论超越.北京社会科学 [J].1993（2）：57.

③ С.Л.弗兰克.实在与人 [M].李昭时，译.杭州：浙江人民出版社，2000：187.

我们开始看到了上帝变人和上帝显现的奥秘，只是创世与造人对于上帝来说是不够的，它还应当充满和贯穿于人和世界。因为，人只有从这高于一切实际给定的东西的另一个领域中才能获得他在"这个"世界中的能动性的指南和力量。同时，这个超世界的等级并不依赖于自己的这种附加意义，他仿佛是一个常备的稳固的基地，人不论在什么时候都可以撤回到这个基地，在这里找到自己的栖身之所，并且真正实现自己。人的生活就是斗争和相互作用，是人的存在的两种领域——实际的领域和理想的高级的领域之间的一种经常被打破和恢复的平衡，是它们既不分离又不融合的两位一体。实质上，人的存在的这种根本的基础、超验的中心和最高的等级，就是神。[①]

人身上所具有的内在性与超越性这一事实表明，人除了直接拥有自身实在性、自己的思想、意识的内在生活，还有对自身存在的关注、反思、评价；人对自身现状感到不满。这种对自身存在的欠缺性的意识，就是人的本质。或者可以说，人的本质就在于，在其自觉存在的任何时刻，他都能超越一切实际给定之物的范围，包括实际给定的他自己的存在。没有这种超越，人的自我意识行为就是不可想象的。换种说法就是，"人是不断克服自我、形成自我的动物"。这就是对人所下的最精确的定义。这也就意味着，人能够在自己之外寻找存在的支点、他需要这个支点和他有对这个支点的意识本身明显地说明："上帝作为与人的存在必然相对立的一个极端，乃是人的必然相关者，即人与上帝的联系是人之本质的内在特征。"[②] 也就是说，在人性之中固有神的本原，具有来自上帝的超越性。因此，人的本质在于其神人性。

弗兰克论神性与人性的关系。依据弗兰克的神人性理论，人的存在的基本的二重性来源于人同客观现实和同原初实在的联系。人通过自己

---

① С. Л. 弗兰克.实在与人 [M].李昭时，译.杭州：浙江人民出版社，2000：143.

② 刘小枫.西方宗教哲学文选（上）[M].杨德友，董友，译.上海：上海三联书店，1991：196.

的身躯和肉体的生命，人本身是客观现实的一部分，是世界的一部分，它就是在这个世界、从这个世界诞生，在这个世界中栖息的，在有些方面必然受到遗传性、教养、环境以及周围世界的各种过程和事件的制约，在有些方面则积极地建设和改造这个世界，这就是人的内在性的表现；此外，人还透过自己的深层，即自己的真正本质——神人性，人归属于超世界的原初实在，即神。由此可见，人是双重性质的动物。但必须强调一点，人的本质的二重性并不是二元论，不是两种异类因素的共存或对抗。因为，人的本质同时为神性的统一所支撑、所贯穿。人不是单纯二重的，而是二位一体的动物，这两种性质的共存与对抗是同它们的和谐结合在一起的。

弗兰克从整个基督教世界所共有的、最基本的信条开始论述："你是基督，永生神的儿子"。这一宗教信条强调了这样一个实践上的事实，即"耶稣基督是永恒的圣道，神之子，他接受了人性，与人性不可分割又不可融为一体，他是真正的神和真正的人"①……这说明，上帝和人两个本性"不可分而又不能合"的二而一体，被视为基督的形象。他进一步阐释道，一方面，基督的形象告诉我们，"上帝变成人之所以可能，是因为人命中注定要成为神灵的器皿。按其本质是潜在的上帝的器皿。……在东正教关于'化作神'这个人之最终使命的学说中，基督教教会公开表达神人性思想的这种普遍的基本思想"②。总之，基督的形象同时告诉我们人的神人性的反面。"人化作神"、人的潜在神性的显露和变为现实，并不是人的单纯的似乎内在的自我显露和自我实现。只有人在区别于上帝的本质中实现自我克服的道路上，即在忘我地为上帝服侍、个人意志听命于上帝意志的道路上，人化作神才是可能的。"人的真正神人性、他

---

① C.H.布尔加科夫：东正教——教会学说概要［M］.徐凤林，译.北京：商务印书馆，2001：127.

② 刘小枫.西方宗教哲学文选（上）［M］.杨德友，董友，译.上海：上海三联书店，1991：200.

的伟大人格、他作神子的权力，都只有在他为神服侍中实现。人按其本质而言理应成为上帝的仆人——圣仆。普遍圣洁的思想，必出自基督教对人的理解，并构成基督教信念的本质"①。另一方面，神呈人形的含义就在于人的神化，其前提也是人与神之间的相近性。要使人的神化成为可能，就必须承认这种神化的潜能一开始就是人本身所固有的。人的本性应当把两个方面结合于自身：人是单独的、不同于神的具体的活物，同时，他又是潜在的能与神融合的活物，他在自身的潜质中隐藏着基督本身的完善性。这就意味着，人可以而且应当被"神化"，内在地归附于神的因素并且接受它作为自己存在的唯一真实的和最深层的基础。但是，只有当人强烈地意识到神的因素是超越于纯粹受造的、外在于神的人的本质的条件下，这种神的因素才能成为人的存在的内在基础。为此，人应当摒弃自我和自我中心主义，把自己存在的中心或支点从自己纯粹自然的本质移到神身上。人只有摈弃自己的自足的、非神性的自然存在，自愿地服从神的意志，才是真正的最高本质，因为神的意志是超验的等级，只有它才能使人得到他自己的本质的完满。离开神的人是渺小的、软弱无力的，注定要失败的，只有通过自己对神的服从、自己与神的联系、内在地投身于神，即通过自身的神人性而实现了自己最高的和真正的本性的人是强大的，灵魂才能得救。

上文，我们只是分析了人的神人性实现的可能性，同时我们应该清醒地看到基督个人和一般个人本质之间的深刻差别。如果看不到二者之间存在着的本质差别，容易带来一种危险，即人可以自命自己拥有与基督相同的本质，这种意识的结局往往是灾难，暴露出亵渎神灵的谬误。因此，决不能把基督归为一般人的概念，也就是说不能把上帝的具体形象当作一种唯一且不可重复的东西。但是，从另一个角度说，如果基督的本质原则上绝对与我们的本质是异类，和我们本质有天壤之别的话，

---

① 刘小枫.西方宗教哲学文选（上）［M］.杨德友，董友，译.上海：上海三联书店，1991：200.

那么，它就不会被称为人，不可能被视为我们每个人应效法的榜样。相反的，"基督形象的全部意义在于，上帝本身中被认为绝对实现了的东西，就是潜在地构成我们本质的东西；上帝是'新亚当'——人之真正本性完美的始祖"①。

按照神的形象被造的人，本可以通过实现自己的似神性而达到神化，但人由于原罪而背离了这条道路。于是，人和神的关系被看作两种彼此不同、独立存在的实在之间的纯粹外在的关系，而这意味着人的神人性意识消失了，或者把神化看作人本身的特征，看作确定人的本质的内在特点，在这种情况下，对神的信仰被否定了，于是人只能自己来神化自己。至此，其内在矛盾暴露无遗，如何化解这种矛盾？神变成了人，他在没有罪孽的肉体中受孕，从圣灵和童贞女玛利亚而生，由此在自己的本质中把神性和人性结合在一起。他成为具有自己个体性的耶稣，他接受了全部人性，作为新亚当，成为全人，他的全部事业都具有全人的意义。"他把人性提高到人最初被造时的本性，把人性与神性——不可分离也不可融为一体地——结合起来，由此使神性充满了人性，不是消灭人性，而是像火炼造铁一样，这样在此世、在痛苦中使人得到拯救，获得在神中的永生，而在未来世纪使生命复活，因为他在自己复活之后，也要使全人类肉体复活。"②

然而，我们必须还要弄清楚，虽然人身上的神性和人性和谐地结合在一起，但它们在人身上所发挥的作用却是不同的。一方面，正如我们所看到的，同神相关的因素，即神性确定人的本质；另一方面，具体的人只有在同对他来说是超验的神的外在关系中才能找到自己生命的基础，那么这就要求在人的本质中存在着两个不同的等级或者层次。只有人的

---

① 刘小枫.西方宗教哲学文选（上）[M].杨德友，董友，译.上海：上海三联书店，1991：199.

② C.H.布尔加科夫.东正教——教会学说概要 [M].徐凤林，译.北京：商务印书馆，2001：134.

精神本身的这两个层次的存在，才使得神对人的内在性和神对人的超验性可能不矛盾地结合在一起。

总之，神性之所以是神性，是因为它是人的理想目标，如果抛开了人性，神性则是空洞而无意义的；反之，人性之所以是人性，是因为它是神性的起点和潜在的神性，如果离开了神性的未来目标和努力方向，人性就沦为动物性，生命就失去意义。

弗兰克论神与人的关系。在俄国宗教哲学视域下，上帝与人的关系通常分为三种：第一种是先验的二元论。人的意志外在地服从上帝的意志，神与人的两种本质仍然是分离的。第二种是内在的一元论。即把人的意志和神的意志等同起来，否定人的本质的独立性，人身上所拥有的一切都是神的生命的显现。第三种是基督教神人类的人学，它承认神的本质和人的本质的独立性，承认神的恩赐和人的自由之间的相互作用。由此视角来看，弗兰克对神人关系的历史定位无疑属于第三类，即创造的基督教神人类的人学。

探讨神人之间的关系是基督教神人类人学的最重要组成部分之一，因为人的人道就是人的神人性。[①] 弗兰克基督教人道主义的主要内涵之一就是对神与人关系的厘清，他从神人性观念，即"人与神关系的自我意识"出发，既批评历史上的基督教观念对人的因素的贬低，也批判西方近代以来的非宗教的人道主义对神的因素的否定，从而丰富和深化了自己的基督教人道主义思想。

弗兰克认为，在基督教思想史上，神人之间关系的观点主要有两类：一类是人在神面前的奴性地位，因为人是一个渺小的神造物；另一类是把人本身神化，人取替了神的地位。前一类观点主要存在于前基督教时期和旧约之中，后一种思想主要是文艺复兴和启蒙运动之后产生的。弗兰克认为，无论哪类观点都包含着致命的理论矛盾，只有通过化解矛盾

---

① 刘小枫.西方宗教哲学文选（上）［M］.杨德友，董友，译.上海：上海三联书店，1991：199.

才能建立起神人之间和谐而统一的关系。

弗兰克论人神之间的"主奴关系"。在旧约意识中，传统宗教观宣称，人不同于神、在神之外的活物，他同神之间只有外在的关系。这种观念认为，不管人是神创造的还是自然进化的产物，他都应归属于客观现实之中并受客观现实的统治与奴役。因此，人不同于神。然而，人毕竟同时还是"神的形象和样式"，他也具有某些与神的原生性和自生性相似的特点。但是，这种相似性是很微弱的，人无法依靠他自身，以自己的自由意志去实现神关于他的构思，执行神的意志。于是，神人关系呈现出这样一种状态，"在这里人完全被看作某种类似于'陶匠手里的陶罐'的东西。他的全部生命不是他自己的生命，而是把他作为自己的家什或自己的工具的陶匠的行为的表现。一旦离开'陶匠'之手，他自己就只会被打碎。但是，这种把人看作完全无力的绝对的神造的活物的观点，实质上使得人关于自己与神的关系、自己自愿地执行神的意志的责任的意识不可能存在了：陶罐没有这种同陶匠的关系的意识，而且它的存在也并不需要这种意识"①。

弗兰克认为，古希腊罗马人道主义有一个严重缺欠，人与神相似没有涉及神人间的一致和内在联系。神和人之间的关系仍然处于对立、冷漠甚至是敌对状态，而这也就决定了人的生存面临着悲剧状况。总之，由于人与神的关系被看作两种互相分离的和完全异质的存在之间的关系，人丧失了同神的联系，人与神之间无法建立起直接的、具有本体论层面上的关系。破解矛盾的方式只有确立起二者在内在本质上具有某种统一而直接的联系。基督教的诞生解决了这一矛盾，使人与神之间建立起直接联系，即道成肉身。通过神的人化，人与神之间建立起统一而直接的联系。

弗兰克论神人之间的第二种关系——人成为"人神"。笼统地看，在西方哲学史上，人与神之间的关系从一个极端走向了另一个极端，即人

① С. Л. 弗兰克.实在与人 [M].李昭时，译.杭州：浙江人民出版社，2000：171.

成为人神，人取替了神并且统治、控制了神。从文艺复兴直到当代，欧洲的精神文化生活在两种信仰，即对神的信仰和对人的信仰之间的残酷斗争中进行的。一条连续不断的精神发展线索从乔尔丹诺·布鲁诺（Джордано Бруно）和意大利文艺复兴时期的无神论者一直延伸到费尔巴哈（Фейербах）、马克思和尼采。

弗兰克认为，在人与神的关系上，如果我们的侧重点不是放在人的神造性以及由此产生的人的渺小这个方面，而是放在人的独立性方面，那么我们就会走到另一个极端，于是人被看作在其自身中得到确定的动物，他的意志是他本身的意志，是现实的创造性力量，它与神的意志相遇并且相互作用，是同神的意志的关系中的平等的一项，同神站在同一个本体论层次上。这条道路实际上就是走向了人的自我神化的道路，而这条道路的最后阶段便是非宗教的人道主义，甚至是反抗神灵的造反主义，这种神人关系在近代史上得到了最充分的表现。文艺复兴开启了反抗神灵的造反运动，因为人开始认为自己是至高无上的统治者，同时也是世界的主人，人可以凭借自己的理性，按照自己的意图创造生活、驾驭一切自然力量，使它们服务于人。于是，人取替了神，人变成了"人神"。人不再需要神来赋予自己的存在和生活以意义和价值。在弗兰克看来，关于人之本质和使命这一观点是作为对第一种人神关系的反抗而产生和发展，是人的解放、独立意识觉醒的伟大运动，在此，人的尊严被视为自豪的自我肯定、对一切奴役和压迫的非人上司的反抗。这事实上就意味着，人认为自己就是尘世上的神。失去和抛掉神之后，人就信仰他自己。这种观念在失去关于自己的存在的超验的、超世界的精神基础的意识，即关于神的意识之后，人就把自己的神人性的、神造物的本质的既不分离又不融合的两位一体变换为那两种因素的杂烩，他自相矛盾地试图把这种杂烩塞进自己天生的本质，希望在这种本质的内在成分中看到它。

弗兰克论绝对与人的关系："人神"走向"神人"。针对基督教中神人关系的发展状况，如何诠释基督教精神实质无疑成为摆脱理论困境的瓶颈因素。弗兰克指出，基督教是一种救世宗教，它要把人类从它尘世生存的渺小和羸弱中拯救出来。按基督教基本思想来说，基督教意识是神与人的关系中超验性与内在性因素的和谐与平衡。"基督教是个性的宗教；它道出个性的圣洁、绝对价值；它宣扬对人的信心；如果它同时令人想到人的罪恶意识，那么这种意识之所以如此沉重和紧张，就是因为罪恶状态被认为与人的真正本质相矛盾，对人的本质的歪曲——是它从本来的高度反常地跌落的结果。无论古希腊罗马人还是旧约中的人，都不知道每一个人的圣洁，都没有感受对每个人之本质表现出来的实在绝对价值的虔敬情感，——而且，绝不可能消灭这种价值，因为连最恶的、最卑贱、最微不足道的人都有这种价值。"[①] 因此，基督教是一种并非因为神与人对立而敬神，而是因为神与人深度地相近而敬神的宗教。基督教是人性的宗教。因而，任何肯定神的绝对的超验性、神对于人的完全异类性的观点都是片面和错误的，并没有考虑到神的人性方面。弗兰克认为，关于人神之间关系的观点，除了这两种基本观点之外还有第三种类型的观点，即在基督教中产生的神性与人性构成了完美和谐的统一体。

作为真正的神和真正的人的耶稣基督通过"道成肉身"，实现了神的因素与人的因素完美结合，因此，道成肉身诞生神人基督的现象，它是不是一次奇迹呢，是绝无仅有的，神的因素与人的因素不可能在人身上结合起来呢？如果神人不能够在人的身上有实现可能的话，弗兰克的神人学说将丧失理论根基。为了避免自己的理论带有乌托邦色彩，弗兰克采用神秘主义理论进行解释。在神性和人性相结合这一理论问题上，神秘主义宣称，他们确实体验到了自己心灵深处神的存在，此外，尽管肯定基督的身份是唯一的，绝无仅有的，但人仍旧可以建立起神与人之间的联系，即人通过模仿和效法基督，并把这种模仿作为人类生活的理想，从而实现人的真正本性。在弗兰克看来，人的神人性本质是某种潜在的

---

① 刘小枫.西方宗教哲学文选（上）［M］.杨德友，董友，译.上海：上海三联书店，1991：199.

因素在他身上，但是这仅仅是走向神人的前提，当人献身和服侍于上帝的时候，只有与上帝结合在一起，人才能找到和实现自己的神人性本质。

在弗兰克看来，"人神"是人取替了上帝，人认为自己具有上帝的本质，即绝对性和超验性，而神人，则是指基督，他一方面具有神性，另一方面具有人性，将二者完美融合于自己身上。实际上，弗兰克通过神人思想，一方面超越了神人之间的主奴关系，即神身上的内在性与人身上的超验性观念，另一方面超越了人成为"人神"的观念，即否定神的超验性和人身上的内在性的观念，确立了人与神之间和谐统一的关系，也就因此而彰显了基督教的本质：实现神与人关系中超验性和内在性的平衡。

## 二、弗兰克人道主义哲学视域下的自然与世界

在弗兰克人道主义视域下，上帝不仅创造了人，而且还创造了世界，即自然世界，这也是人的人性得以施展的舞台与空间。因此，通过对上帝进行人学证明和人的本质界定之后，弗兰克还进一步探讨了上帝创造世界的思想。同时，由于人不仅是自然界中生存和活动着的人，同时人还是一个社会动物，或者说，人还是社会中生存的人，是具有社会属性的人。因此，揭示社会的本质和人的社会性也就成为弗兰克基督教人道主义的必然环节之一。

弗兰克通过对上帝创造世界本质的揭示发现，人与世界在本质上存在着本体论的鸿沟无法超越，因为人具有上帝的形象和样式，世界就其本质而言与人是异类的，因此，人与世界之间呈现出悲剧关系，人作为自然存在物感到自己受到种种自然必然性的束缚，人作为具有神性之物，无法在自然世界中寻找到自己的精神家园。不仅如此，人作为社会动物，在社会上也要受到种种外在因素的压迫和奴役，人与人之间呈现出悲剧状态。

第一，弗兰克论人道主义视域下的自然与世界。如何看待人所生活于其中的自然世界，这对于人而言是一个极其重要的仅次于神的存在的

问题。因为，人作为自然界中的一员，必然要与自然世界发生密切关系，再者，人的存在和生成以及本质的展开都离不开世界，正是世界为人提供展开的空间，人离不开世界。与此同时，依据基督教世界观，世界也是上帝的造物，它与人有着相近性，但它是非个性的存在和非精神的存在，于是，人与世界就其本质而言又是异类的。人与世界相近性，同时又具有异类性，这就决定了人无法在世界上获得精神满足，找到自己精神的家园，因此，人处于悲剧状态。

神创世界，这是弗兰克人道主义哲学的理论前提。要阐明人的本质和存在的条件，必须以"总体的、综合的目光"综览人同世界和神的关系，理解人是处于世界和神之间并且成为这两个异类的存在等级之间的联系环节的活物。因此，为理解人与世界以及神与世界的关系，我们必须首先阐明世界的观念。弗兰克首先对哲学史上存在的世界观进行归纳与检讨，他认为，在西方哲学史上存在着"理性世界观""机械论世界观""有机论世界观""神创世界观"和"现代科学世界观"，进行梳理之后指出，西方哲学史上存在的这几种世界观都没有抓住世界的来源，或者即便指出神创世界，也没有正确把握人与世界和神的关系。

为阐明世界的来源，弗兰克从《圣经》中寻找理论根据，"起初神创造天地"（创1：1）。他认为，对于犹太文的"берешит"（起初）不应当理解为"最先""首先"意义上的抽象副词"最初"，而应当作十分具体的理解，神起初，就是说，以某种原初的存在基质创造世界。从本体论上来说，在狭义的创造世界之前神就设置了初，作为存在的某种基础或某种普遍元素，这个初，或者用我们的术语来说，这个实在，是宇宙存在的原初的基础或原初的基质，世界与人在这种原初的基质之中构成和谐的统一。

另外，弗兰克还对关于神从虚无中创造世界的观点进行归纳和总结，这也是他构建神造世界理论的逻辑出发点。他认为，神从虚无中创造世界是一个重要的本体论问题，如果不能正确解释，就会陷入理论危险，即它的隐义是肯定神的绝对的、不受任何限制的全能。如果做这样的解释，必将导致神正论，即恶与神的存在共存的问题就绝对无法解决。如果神的全能同神的全善和全知观念结合起来，那就更无法说明和理解创造并非尽善尽美的事实。因此，弗兰克认为，从纯粹哲学的角度来讲，神的创世，从神这方面来说是超时间的关系；而从被造物的方面说，这种创造又反映在时间中。世界存在本身不是别的，正是它持续不断的创造。因此，对于神创造世界的第一个创造行动，它不是按时间顺序，而是按本体论的顺序来说是第一个行动。与此同时，神创造世界的行为也像任何创造一样，需要经过创造意志的高度集中，注定要遭遇许多失败、停滞，抛弃一些不成功的方案，再去探求新的途径。在世界的精神完善和觉醒方面，也没有什么两样。神的神圣性深入世界，神和他的创造物的融合，也是颇为困难的事情，充满着斗争。从地球上开始的只是神创造的第一步，整个过程或许会在宇宙的另一个地方继续下去并最后完成。创造世界并使之灵性化的戏剧性过程的顺序和性质的这种未知性，一点也不妨碍人们坚信它的最终成功，坚信这种成功是有保证的，因为神是一切存在的唯一本原、唯一始基。因此，从形而上学的意义上而言，上帝是存在，是万物之源，而世界作为客观存在，作为非个性的存在，是非存在。因而，就上帝与世界的关系而言，从本体论角度而言就是存在与非存在的关系，是造物主和被造物的关系。

同上帝与我的问题一道，我们还面临着上帝与世界的问题。弗兰克说，世界与人不同，从本体论角度来看，世界是非存在，自身没有存在的根据，不是自足的，是一种非个性的存在。这种存在在形式上似乎是合乎理性的，但在内容上是混乱的和无意义的。更为不同的是，这种非个性的存在对善恶漠不关心，实际上，它近乎是敌视善的。因此，必须在关于创世的宗教思想中寻找真理，但是，关于从无中创造世界的学说不可能从字面上理解：其一，世界应当被从中创造出来的那个无，只是一个毫无意义的词；其二，对世界的构建是以时间为前提的，而时间本身，在一定意义上只能被认为是宇宙存在的要素或标准。在这个基础上，弗兰克得出的结论是，"上帝'创造世界'就是赋予世界以价值和意义：

世界具有在上帝中的现实基础和理想根据，这正意味着世界的受造性。……上帝与世界之间的关系是'两者的内在统一'或'统一物的两重性'。这既适用于世界的本质，也适用于这一本质的存在。……世界是神的显现，是上帝的自我展现，是上帝的'外衣'或者上帝表现，就像肉体的形式是精神的表现一样"①。

第二，弗兰克论人与世界关系的历史发展脉络与思想动态。自从有了人类，人就不断总结与反思自身与周边世界之间的关系。世界在形式上、宇宙论上的完善，并不是人的精神所需要和所追求的完善，因为人有自我意识，并能意识到自己是个性的，具有来自"上帝的形象和样式"。因此，人在世界上无法获得精神和心灵上的满足。为了更好地理解人与世界割裂所带来的悲剧，弗兰克对人与世界关系的观点进行哲学史的追问。

由于宗教宇宙论的观点，古代人们意识到人在世界上的渺小和羸弱，以及由此产生的人在宇宙中生存的悲惨状况。于是，人们安于听天由命的信念，认定人应当服从神化了的世界的存在秩序。他们觉得只有逃离世界，才能拯救心灵。然而，尽管他们已经意识到人的心灵与世界之间的不协调与不和谐，古代思想仍然不能接受个性的观念。

弗兰克认为，在基督教的土壤中产生了个性观念。这一功勋应归功于奥古斯丁，他在我的深层发现了神，并从而发现了作为实在的个性，因此，奥古斯丁才将世界与人的异类性同上帝的神圣性和完善性结合起来。奥古斯丁关于人的精神的特殊本质和意义就在于它是神与世界之间的中间等级，同时由于个性的人的出场，人们第一次深切地意识到人与世界的异类性，并从而意识到二者之间割裂的悲剧的严峻性。人同时生活在两个世界中，身为经验现实的成员，他自己的家园却在完全不同的领域。奥古斯丁第一次领会到这种二重性的意义，即个人的内在生活和

① H. O. 洛斯基. 俄国哲学史 [M]. 贾泽林，等译. 杭州：浙江人民出版社，1999：350-351.

全部其余的神造世界之间的异类性。可以说，他第一次发现了人的悲剧性的存在，即人是处于世界与神的交界处的特殊存在。弗兰克也指出，奥古斯丁对神与人关系的意识是以旧约为理论背景的。

在中世纪之后的一段时期内，基督教会控制人类并将人类置于自己的统治之下，人的自我意识虽然没有忘记人属于两个异类的世界，但渐渐感到自己在地球上如同在家里一样。两个世界之间的二元论被纳入世界存在的和谐的两位一体，即这种存在既是超验的、精神的、天上的，同时又是内在的、尘世的。人虽然仍旧属于两个世界，但不再觉得是一种分裂，而是成为人参与宇宙间天上与尘世的和谐的表现。弗兰克认为，这种思想突出体现在被基督教化的亚里士多德主义观点中，世界的创造者是爱人的圣父，作为被造物的世界和人在宇宙存在体系中得到协调。即使存在着道德上的罪和世界之恶，实质上也不会破坏世界的和谐。在这种综合之中，人的悲剧感荡然无存。

14—16 世纪宗教改革运动之时，人的个性被认为是直接与神发生关系的世界外因素，因此，超越任何世界秩序而不会完全被纳入这种秩序的观念重新抬头，奥古斯丁提出的关于人的心灵在世界上的处境的悲惨意识日益强烈。在弗兰克看来，这种悲剧意识体现在帕斯卡尔的思想之中，这位宗教天才发现了人的心灵与神的密切关系，"人总是感到自己悬吊在深渊之上。他对无限的世界空间的神秘莫测的长久沉默感到恐惧，他也害怕在人心中猛烈折腾的罪恶、非理性、无理智、混乱的深渊。人的心灵对神的怀念本身是它的本质，它被世界的非理性力量包围着和穿透着。人的生存不能得到理性解决的悲剧就在于此，它只能靠信仰的心灵的坚毅顽强的努力，以及超世界的神赐力量大量涌入心灵来解决"[1]。

在弗兰克看来，帕斯卡尔（Паскаль）确定了人与世界之间关系的悲剧基调，虽然历经18 世纪的乐观的人道主义，但19 世纪仍是悲观主义唱主旋律的时代。弗兰克对此总结道：第一，人受苦不仅是由于人的罪恶

---

[1] С. Л. 弗兰克. 实在与人 [M]. 李昭时，译. 杭州：浙江人民出版社，2000：251.

意志，也是人的心灵期望和世界存在的盲目进程之间不一致的结果。这种悲剧实质上是指"人性的、精神的存在因素和无人性的自然的存在因素之间的不一致和不协调"，人受世间生活的死气沉沉的、盲目的、道德上麻木不仁的进程所牵制而痛苦。第二，道德上的恶、罪及后果不仅是人的过错，同时也是他的不幸，因为即使人意识到自己羸弱，也无权推卸自己对世界的道德上的恶的责任。正是人与世界之间的不协调、人的道德意识与世间之恶的并存造就了人的悲剧状态。

及至当代，人的可悲的二重性意识表现得特别尖锐，这种悲观的自我意识与科学革命遥相呼应。因为，当代的人拥有非常强烈的自我意识，即人是个性，是内在的实在的世界。而世界由于它的无人格和异类性，仍旧无法确立起人与世界之间的真正协调关系。尽管人的内心、其实体基础是在上帝中得到确定，其外部，表面上却属于"世界"，属于本体论的、宇宙的存在领域，即"人心灵的头在天上，脚则在地上"（普罗提诺）。总之，通过对人类历史上存在的人与世界关系的梳理，弗兰克深刻洞悉了人与世界之间悲剧关系的缘由所在，他认为，人与世界之间的关系不仅仅存在悲剧性的割裂状态，同时还存在着和谐状况。

第三，弗兰克论人与世界的悲剧关系。弗兰克认为，现代宗教形而上学必须面临和解决的问题就是世界的本质与人的个性的本质是否一致的问题。在他看来，关于世界和人的异类性的观念不是小问题，这实质上是"关于神的观念本身，即神是真正最高的等级，他把神圣性、绝对价值的特征与一切可能的存在的最深刻，因而也是全能的基础的特征结合于自身"①。弗兰克认为，人与世界的关系既存在相近性，也存在异类性，正是这样一种复杂的关系决定了人与世界的割裂，进而给人的生存带来悲剧意识。

弗兰克阐述了人与世界在本体论层面上的相近性。就人与世界之间的相近性，弗兰克从形而上学的意义上进行了阐述。从本体论上看，由

---

① С.Л.弗兰克.实在与人［M］.李昭时，译.杭州：浙江人民出版社，2000：246.

于人与世界都是上帝的造物，相对于作为造物主的上帝来说，人与世界都是非存在，它们作为上帝的造物，其本体论之根基不在其自身，而在上帝之中，这是人与世界相近的一面。人是自然生物，因而他与宇宙生命紧密联系在一起并依赖宇宙生命的演化。人的肉体也是由各种物理—化学过程决定的。作为自然生命物，人是要死的，他的身体的组成成分要分散在物质和世界生命之中。

弗兰克还从实在的超越性与完备性角度来阐述人与世界之间的相近性。前文已然阐述过，弗兰克指出了实在具有超越性和完备性，因此，实在如同一种介质，它把认识的主体和被认识的客体联系起来，并且也在较小的程度上构成我的"我"，人的内在的自我存在同客观现实之间的观念上的联系。另外，实在由于其原初性，表明了一切东西都可以存在，并且这种存在以某种原初的方式，自在地在，也就是说，它们都扎根在实在之中。这就表明一切存在物，无论是人的精神的、内在的自我存在，还是自然存在的全部总和，都因为共同扎根于实在的土壤之中而得以联合起来。但这里必须指出，实在分为不同的层次，物质存在、观念存在和精神实在，作为认识主体的我要想认识作为物质存在的客观世界，必须通过观念的存在这个中介，否则对它的认识就是不可思议的。因为世界以及客观现实都不能被认为是某种真正无所不包的和自足的东西，相反，它只是某种更大的东西的一个方面或一个部分，这个更大的东西包含着它，贯穿着它。也就是说，一切存在物都不单是实在的，而且同时具有观念意义。存在物之所以是存在物，仅仅因为它同时既是实在的，又是观念的，所以它离不开我们称之为意识的那种存在。正因为如此，存在的两种形式，作为在和作为我在，构成了互相渗透的不可分割的统一体。

由此可见，客观现实与实在之间的区别并不是两个互相隔离的、完全异类的领域之间的区别。实在由于其超越性，超出客观现实的范围，它的深层更是越出这一领域，在这个意义上它是超世界的。但是它又贯穿于客观现实，成为客观现实的基础，它的实体性本质。正因为这样，实在的超世界的本质本身，积极地参与客观现实，也就是说，它属于客观现实的内容。在此，弗兰克形象地比喻说："当我们注视汹涌澎湃的海洋，倾听暴风雨的呼啸（更不必说野兽的怒吼）时，我们会感受到自然界本身中的似乎有灵性的力量，某种与人的心灵相像的东西。这不是陷入错觉，而是在确定可以模糊地感受到的真正的关系。"① 这样，弗兰克就阐明了人与世界之间的相近性，作为原初存在的实在成为沟通人与世界之间的桥梁和纽带。人与世界之间不但具有相近性，而且还具有异类性，正是这二重性构成了人的悲剧感或者说悲剧意识。

弗兰克论人与世界在本体论层面上的异类性。弗兰克认为，在阐述完神创世界和人与世界之间的相近性观念之后，进一步阐明人与世界关系的异类性的本质和根源，同时把这种异类性同它们作为神的创造物的相近性协调起来，就成为他下一步的理论任务。弗兰克指出，人的精神与神的关系和其他被造物不同。因为人这种被造物是依据"神的形象和样式"创造的，而这就意味着，在人的最深层的本质层面，他是神的合作者，神潜在地存在于人身上，正是这一点构成人的非神造物的本质。毋庸置疑，一方面，人同世界一样都是被造物，人是一种纯粹的自我动物，人是宇宙的一部分。另一方面，人作为有个性、有精神的动物、作为"神的形象"的人不同于其他各种被造物，因为人被赋予了个性，具有神的形象和样式。

为了更清晰、更形象地阐述人与世界之间的异类性关系，弗兰克采用"抒情性"作品和"叙事性"作品之间的比喻来阐明人与世界之间的异类性关系。具体而言，人仿佛是神的"抒情性"作品，神想要在人身上"讲述"他自己、他自己的本质和所有其他各类被造物，虽然在人身上都刻有创造者的印记，但它们却是神的单个的"客观的"构思的产物。这两种作品区别的基本点就在于被造物中有无个性的因素、自我意识以及是否遵照善于神圣的原则调控自己行为的能力。弗兰克同时也指出，

---

① С.Л.弗兰克.实在与人 [M].李昭时，译.杭州：浙江人民出版社，2000：258.

这两种作品之间的区别尽管是原则性和深刻的，但毕竟还只是相对的。因此，它容许有某些过渡形式，而且可以同这两种创造形式的内在相近性并存。正因为如此，一方面，人意识到自己作为神造的动物，与所有其他各种共同组成世界的神造物之间的相近性；另一方面，人作为自然界中的被造物，同时又是神的形象和神的精神的体现，他站在神与世界之间，同时又是两者的参与者。因此，在作为精神和个性的人的本质和世界的现状之间是深刻的对立关系。

人与世界的悲剧性关系。通过对人与世界关系的历史梳理，以及自身对人与世界之间相近性与异类性关系并存状态的分析，弗兰克认为，人与世界之间的确是悲剧性关系，并且从不同方面表现出来。我们在前面已经指出，人的本质在于神人性，即人身上包含着神性与人性，这种二重性直接导致了人的生活领域的二重性，即人的存在领域和神人的、内在神化的存在领域之间的差异，或者说外在的方面与内在方面的差异。前者指的是人的能动性在其中组织并从外部建立生活体系的方面，后者指的是内在的精神上的自我教育和觉醒方面，这实质上就是人的世俗领域和神圣的高级领域，或者说实际领域与理想领域。弗兰克认为，人之所以区别于其他动物，就是因为人拥有理想的存在领域，人需要从这一领域中获取精神的超越性。它具体表现为对自身缺陷的感知和对理想境界的追求，而这种精神超越性的基础只有一个，就是"上帝"，即神。人的生活就是人的存在的这两个领域之间的斗争和相互作用，是给定的实际领域和高级的理想领域之间的一种经常打破又不断恢复的平衡。这就是说，全部生活悲剧都来自"有限的东西与无限的东西、暂时的东西与永恒的东西的冲突，来自作为精神性生物的人作为在腺然界生活的自然生物的人之间的抵触。……最大、最极端的悲剧是人和上帝关系中的悲剧"①。

由于本质上的不同，世界的目标是要合理性、合目的性，而人的精

---

① H.A. 别尔嘉耶夫. 精神王国与凯撒王国［M］. 安启念，周靖波，译. 杭州：浙江人民出版社，2000：112.

神得到满足的最终目标不存在合理结构和审美和谐，而是道德上的善、神圣性。而自然界则无所谓善恶。世界在形式上、宇宙论上的完善，并不是人的精神所需要、所追求的完善。人在认识到自己是个性的情况下，"似乎命中注定要意识到自己在这个世界上是无家可归的、无处栖身的、孤独的"。针对人的这种无家可归状态，弗兰克有着精彩的描述："我们的心灵，我们的我，在两个方面表现出它所固有的不足和缺陷，表现出它的存在的某种内在的悲剧。一方面，由于它具有真正的自我意识，它注定会意识到自己是孤独的，自己在客观现实之中无所归依，尽管它命中注定要参与客观现实并且在一定程度上受其支配。客观现实，世界，是物和事件的某种自足的秩序，这种秩序的建成和运行不依赖于我们个人的需要、愿望和希冀，完全不理会它们。我们最隐秘的愿望无法实现，我们的希冀被世界上各种事件的无情的进程所粉碎，我们在世界上的命运在很大程度上不取决于我们自己，不取决于我们搞不明白的、对我们来说是陌生的规律支配的事件的发展。当然，人学会了控制自然，统治自然。但是，第一，人统治世界的范围是相当有限的，人不仅至今无法控制多种危及人类的自然灾难，而且，如果清醒地估算人的能力的话，它还没有在某个时候战胜它们的希望。第二，对我们来说是陌生的、敌对的世界，不仅是我们外部的、人类之外的自然界。"①

弗兰克最后总结说，人的生活充满了盲目性，人经常体验到精神孤独感的悲剧性，这种孤独感是由于置身于陌生乃至敌对的自然界而产生的。为此，人不得不消耗大量的精力，人无力维持和完善自己的外在和内在生活，参与紧张的创造，使世界变得更加完善，进而消除人身上的孤寂感与异己感。但是，人由于在自己精神的最深层中牢牢地在神的身上扎根，并且通过这种联系得到内在的和谐，所以人身上的割裂的痛苦与和谐安宁同时存在于人的心灵之中。总之，只要人能够投身于神的怀抱之中，人与世界之间异类性所带来的悲剧性就能得到有效缓解，并逐

---

① C.Л.弗兰克.实在与人 [M].李昭时，译.杭州：浙江人民出版社，2000：143.

渐获得内在的和谐与安宁。

### 三、弗兰克人道主义哲学视域下的社会

弗兰克的基督教人道主义思想不仅继承了由陀思妥耶夫斯基所开创、由索洛维耶夫理论奠基的人道主义传统，而且以神人性思想为核心将基督教人道主义思想推向前进。此外，他还将神人性思想引入社会领域，进一步探讨人的另外一个方面的属性，即社会性。

在谈到俄罗斯世界观的独特性之时，弗兰克指出，重视整体性就是独特性之一，俄罗斯世界观素有"反对个人主义的特有成见和对某种精神的集体主义的重视信仰"①。这种集体主义被当作自由概念的坚固基础，这里所说的是一个独特的集体概念，即"精神共性"（соборность），它本是一个俄国宗教用语，来自"教堂"，后来斯拉夫主义者把它作为哲学概念在自己的著作中使用。再之后，索洛维耶夫将它发展成俄国宗教哲学的主题，弗兰克则将其应用于自己的社会哲学理论之中，阐发人的社会性本质。仅从这一点来看，弗兰克的思想非常具有开拓性意义。

第一，弗兰克论社会的精神本质。在人道主义危机的时代，对人的研究必然延展到社会层面，因为人不仅是个体的人，从某种程度上而言，人还是社会的一分子。因此，在弗兰克看来，研究社会哲学的意义在我们这个时代显得尤为重要，因为人已经陷入危机状况，"在那种精神状态下，最重要的不是关心当下需要和日常需求，甚至也不是历史反思，最重要的和首位的是，以意志和思想的魔力解除使人颓废的怀疑主义的魔力，重新洞悉：什么才是由上帝所决定的并且源自人的本质的人类生活永恒的、一劳永逸的规律和基础，并努力挖掘出最主要的和普遍的基

① 弗兰克.俄国知识人与精神偶像［M］.徐凤林，译.上海：学林出版社，1999：21.

础"①。因此，弗兰克开始探讨社会的本体论本质。

其一，弗兰克论社会的本体论性质。为破解"领悟人的社会生活的目的及任务"这一社会哲学根本主题，弗兰克的论述从这一问题开始：即社会仅仅是作为某些人的综合及其之间相互关系的名称，仅仅是我们认为造出来的单个个人的现象的综合呢，还是一种真正的客观现象，不仅仅限于社会成员的个人的总和。为了能够得出更为恰切和更具说服力的结论，弗兰克首先对西方哲学史上从古希腊到当代的种种社会观进行简单的梳理与批判。为了凸显自己社会哲学思想的独特性，弗兰克放弃了哲学史上研究社会问题的"个人主义"与"集体主义"两个概念，而是采用"个原主义"与"普济主义"这对概念。

弗兰克通过分析"我"与"我们""聚合性"与"社会性"的二元关系，揭示出社会内在的与外在的、现实的与精神的统一的本体论结构。弗兰克指出，近代以来的西方世界观都与把个体的"我"作为本体论基础不同，俄国世界观表达的是"我们"的哲学，即把"我们"作为本体论基础。在弗兰克看来，一方面，"我们"不是第一人称"我"的复数，不是"多个我"，而是第一人称与第二人称，即"我"与"你"的统一体。在这个统一体中，"我"与"你"之间不存在个体的对立或对抗，而是一个和谐的统一体。另一方面，"我们"这一范畴还包容了所有的"你们"和"他们"，即世界万物。因此，"我们"不是一个综合的外部统一体，而是一个原初的、不可分割的统一体。在这个统一体中，每一个个体都在保持自由的基础和前提下紧密联系在一起，同时又不丧失其存在的独立性。总之，"我们"是一种个体的人，因而同时也是社会存在的第一性的范畴，它不是从"我"派生而来的，不是许多"我"之相加或总和，而是存在的固有形式，是相对的"我"。同时，最为重要的一点就是，"我们"是某个与"我"本身同样直接的、不可分离的统一体，是与我们的"我"同样第一性的存在的本体论根源。

---

① С. Л. Франк. Религиозные основы общественности. путь. №1.

其二，根据上面的结论使我们发现，社会包含两个层次：内部及外部。社会内部层次的本体论基础是"我们"，而外部层次则是指该统一体分裂而成的无数个彼此独立的个体"我"。社会内部层次与外部层次这两重性根源于人类普遍本质的两重性，一方面，从内部来看，个体的人作为自我意识在内部与存在相连并植根于整个存在，另一方面，从外部来看，个体的人是一种独立的、与其他灵魂相对立的存在。因此，由人的内部存在与外部存在直接产生社会生活的两个层次：会同性及外部社会性。关于"会同性"的内涵，弗兰克总结如下四点：一是会同性是"我"与"你"的有机统一，它源于原始的统一体"我们"。在这个统一体中，整体不仅将部分紧密地联系起来，而且存在于构成整体的每个部分之中。也就是说，整体与部分处于自由与统一之中。二是会同统一体存在与个体内部并构成个体的生活内容，它们之间靠爱联系起来。三是会同统一体只能与具体的、个别的整体有关。会同整体的各个部分是个体，同时这个整体又组成个体的内容。四是会同性与社会性相比较，其突出特征在于它是一个超时统一体，其表现为婚姻家庭、宗教生活以及民族与国家等形式。

其三，弗兰克总结说，社会是一个特殊的、独特的存在领域，因为它不单纯是个体的总和、个体的外在联系与相互作用，而是个体的基本内在统一，即会同性。社会是真正完整的实在，而不是无数个体的派生联合。此外，社会还是统一的实在，我们于其中皆为具体的人而存在。被孤立存在的个体只是一种抽象概念，只有在会同存在中，在社会统一体中，我们所说的人才真实地存在。

第二，弗兰克论社会的精神本质。通过上面的论述我们知道，社会的本体论基础是"会同性"（соборность），它具有一系列外部表现形式和具体内涵，社会的外部表现形式就是社会生活。那么接下来的问题就是，社会生活属于存在的哪个领域？其本质区别是什么？在常识性观点看来，社会生活要么属于物质存在，要么属于心理存在领域。

弗兰克指出，社会现象无疑与物质现象有关，因为社会现象直接形成人类活动，而人类活动由于人的个体与肉体关系而始终表现为肉体和物质的过程，因此，它一方面属于社会生活领域，另一方面属于自然界领域。但是，尽管社会生活也可以归属于物质现象，但是，社会生活的本质却不可能是物质存在。其原因在于社会生活的本质特征，如家庭、国家、法律、经济、革命等问题无法借助物质存在的研究解决，而只能借助内心体验被认识。再者，弗兰克也反对社会科学中的心理主义，他指出，社会生活不可能仅仅是社会心理事件的综合。一切心理的东西的确是在个人的头脑中发生的，但社会现象是超个人的，这说明社会存在是凌驾于个人之上的、超个人的，这决定了它不是心理存在。弗兰克通过对两种常识性观点的批判，否定了社会生活是物质存在和心理存在的领域，在此基础上，他提出，社会存在是精神生活、属于精神领域的观点。因为，一方面，社会生活与物质现象、与人的内心活动有关，社会活动总是需要人本身的参与，并与自然界发生种种关系；另一方面，社会生活又与人的内心活动密切相关，人类活动总是受到人的意志、情感等因素的支配。因此，他得出了"社会存在本质上是一种精神存在"的结论。

弗兰克解释说，"社会现象本身的本质在于它是客观的、存在着的思想"，社会存在归属于精神生活、精神领域。所谓的精神生活实际上指的是这样一类存在领域，即"以存在于我们本身、从内部与我们融为一体并为我们所知的真实的形式呈现在我们面前"。从这点上就可以发现，社会存在属于精神生活，它所固有的独特的客观性是一种真正的客观实在。这种客观实在由人的精神本身发掘和离析出来并与它紧密相连。根据社会生活的这种精神本质，根据社会生活是植根于人的心中并支配人的心灵、为理想所决定的真实的思想或生活，是主观与客观、人与超人的统一体这个事实，我们可以进一步得出，社会始终大于实际上人的力量的总和，是客观的理念形式的超人思想体系，这有力地证明人类生活本质上就是神人生活。"社会存在总体上是神灵或神力体系，像一个万神殿，体现了该阶段或该形式的人对神、对神人的看法，人对绝对真理的理解；真正实在的上帝存在于人的心中，与他融为一体，与人的所有实际尘世需求及欲望产生内在的联系，这是由真实的上帝形成并导向的是他在社会存在中的外在体现，但并不表现为自己纯粹的内容中，而表现为主观的人类面貌，而它在得到体现的同时总是或多或少地受到歪曲。"① 这样，弗兰克也就从社会生活的内在层面对社会本质进行了阐释。

　　现在我们还面临着另外一个问题，即社会生活的本质的区别特征在于什么。从社会生活所固有的确定其客观存在的理念因素在社会生活中是一种范式思想，即作为一种在交往中实现的理念，这就说明，社会生活本质的基础具有道德性。在弗兰克看来，"应当"这个范畴是一种第一性的范畴，它确定道德生活并通过它来说明人类生活普遍的本质属性。因为人作为自然属性的动物，除了构建自己的实在世界之外，还要构筑一个应然的世界、理想的世界。这也恰恰就是人性之所在。"人性的独特之处在于克服并改变他的本性，即人总想变得比他本人大，与他本人不一样，而由于这种愿望是他本人，所以，人的特殊性在于他比实际上的他要大。人是不断克服自我、形成自我的动物——这是对人所辖的最精确的定义，它考虑到了人与一切其他动物的不同。"② 别尔嘉耶夫也认为，"人的存在的秘密就在这里：人的存在证明着某种高于人的东西的存在，人的优点也在于此。人是克服着自己的局限性向最高存在物超越的生命物。如果没有作为真理（истина）和意义的上帝，没有最高的真理（правда），一切都将成为平面的，没有什么东西也没有谁是人向之提升接近的"③。

　　因而，人就成为这样一种动物：一方面，他比其他动物更发达、更有计谋、更有远见、更有悟性，另一方面，他又比其他动物更软弱、更

<hr>

　　① C.谢·弗兰克.社会的精神基础 [M].王永，译.北京：生活·读书·新知三联书店.2003：90.

　　② C·谢·弗兰克.社会的精神基础 [M].王永，译.北京：生活·读书·新知三联书店，2003：91.

　　③ H.A.别尔嘉耶夫.精神王国与凯撒王国 [M].安启念，周靖波，译.杭州：浙江人民出版社，2000：20－21.

落后。只有人的精神因素这种与一切经验的东西根本不同的、超出其普遍的经验主义本性的性质才是某种为一个人所有并决定他真正特殊性的东西，单个的人由能力超越自我、在理念中摆脱自己经验主义的本性，站在一定的高度对它进行评判。在实际体现人的这一精神本性的道德意识中，人体会到什么是应当的，意识到自己生活的绝对理想，凌驾于自己经验主义本性之上；这种高于本性的特征就是人的真正本质。人之所以为人正是由于他是大于经验及自然存在的生物；人的特征正是其超人、神人的性质。人不仅知道神，而且这种意识——宗教意识——又是他的本质特征，因而完全可以把人定义为一个与神有着有意识的内在联系的圣物，但是，这种认识同时又似乎是神在人自身中的存在，人在自己心中感觉到神的存在，像用神的眼光来审视自己并使自己的意志听从于自己心中存在的神的意志。这种对最高理想必要性——不同于任何经验主义的必要性，不同于任何一种随意的、单纯的人之愿望——的服从和认识表现在应当的范畴中，决定人类生活并构成其社会生活的特殊本质。①总之，真正的社会生活、社会生活的根本本质就是精神，就是神，就是上帝。②

第三，弗兰克论人的社会属性。通过前文的论述，我们知道，人的真正本质是神人性，从人的本性的二重性出发，具体的人类生活总是共同的，即社会的生活。一方面，人按其本性来说是"社会的动物、集体的一员，他自然要有共同集体生活的亲密合作者"，也就是说，人按其本性来说具有社会性，参与到社会集体生活中去。社会生活则是精神性的，它是客观的、理念形式的超人思想体系，这有力证明了人类生活本质上就是神人生活，而社会就其本质而言是发现人的神人本质，推动社会的

①　C. 谢·弗兰克.社会的精神基础 [M].王永，译.北京：生活·读书·新知三联书店，2003：91－92.

②　C. 谢·弗兰克.社会的精神基础 [M].王永，译.北京：生活·读书·新知三联书店，2003：4.

神人化过程。因此，人的本质与社会的精神本质是一致的，人无论是从其人性或者神性的维度来看，都必须要有共同的集体的生活，也就是说人具有社会性。但是，我们仍不能否认，另一方面人首先是一个个体，唯一的具有个性的独立的个体。这里，就产生了一个基本的问题，社会生活的二重性问题，即个体与社会的关系问题，或者说个体的自由与社会的团结问题。

社会生活一方面是内在的精神生活，另一方面是他所生活的外部环境，其中发挥作用的常常是某些自私的动机、强制和恫吓手段从外部加强对人的控制。也就是说，社会现象不仅仅是内在精神生活，同时也是由他们的外在行为构成，他们不是在人的内心，而是在社会生活的外在行为中表现出来的。这也就意味着，社会生活具有基本的二重性，社会生活存在着一系列基本的二元论，这主要表现在法律与道德、神赐与法律、教会与尘世、社会生活的理念力量与经验力量之间的对立。

为了能够协调好社会生活存在的基本的二元论或者说二重性（使得社会能够得以存在并延续下去，必然有一些相关的社会原则的支持。因此，弗兰克指出，社会生活和总的人类生活一样，其最终目标只有一个，那就是在一切生活中的真实存在中实现自身生活。在社会生活的这个总目标下维持社会生活存在的一些具体原则，其中最普遍的就是服务原则、团结原则和自由原则三者的统一。

弗兰克认为，服务原则是人的本体论本质最普遍的体现，因而也是社会生活最标准的原则。因为人作为一种自我战胜的动物，它的内心充满各种欲望，要使社会生活能够稳定团结地存在下去，人必须战胜各种欲望履行应当的职责，这种应当的职责实质上来源于神的旨意，即"你要尽心、尽性、尽意、尽力爱主你的神"。这条诫命就意味着服务原则是调节社会关系的最基本原则，它包含两层含义：一方面，人不要妄想成为自己生活的主人，不受限制，自我自由行事，这使社会无法成立；另一方面，人只有在他是自己肉体生活的主人这个程度和意义上才能说他是自己的历史和社会生活的主人。"人之所以是个人正是因为他是某种大于客观存在并作为客观存在的人的东西；人之所以为人正是因为他体内具有另外一种因素、人的神性的因素，这是人成为一种有精神的生物的特征，但是正因如此，人（既是个人的，也是集体的）只有他服务于最高的、神的真理时才能获得自由，获得自决权。"① 由此可以得出一个结论，无论是个人还是社会，最终执行的都既不是自己的、也非别人的意志，而只是神的意志，服从这个因素也就构成并决定了社会制度的权利及义务的结构。总之，"服务原则是社会生活的最高原则，同时也是一切社会制度的基础，同时又是巩固社会的黏合剂，——这是从上述关于社会本体论性质的一切中得出的结论"②。

由服务原则我们还将衍生出另外两个原则，即团结原则和个人自由原则。从表面上来看，这两个原则是矛盾的，如何进行协调呢？我们知道，"我们"与"我"作为统一体、作为真正整体的社会与个人，在社会存在中是以两极对立、互相对立的双方出现的，其中的每一方都想获得绝对意义的，认为自己才是绝对因素，这就意味着，社会与个人之间可能发生强烈的对抗，而这就会威胁到社会的存在基础，如何化解这一矛盾，既保障个体的自由，同时还能维护社会的存在？弗兰克认为，化解这一矛盾的根本在于对自由做出正确的阐释与理解。他指出，个体的本质是自由，但是，自由绝对不是启蒙运动所宣扬的人的某种绝对和天赋的权利，自由是人的根本义务，是人履行其他一切义务的普遍的和最高的条件。在弗兰克看来，这种自由实质上就是与绝对发生直接联系的唯一支点。这样，因为团结原则是深深植根于"我们"或者说"会同性"基础之上的，而会同性的本质在于保障个体独立前提下构成的有机和谐整体，因此，团结原则和自由原则之间是和谐统一的，不会导致社

① C. 谢·弗兰克. 社会的精神基础 [M]. 王永，译. 北京：生活·读书·新知三联书店，2003：137－138.

② C. 谢·弗兰克. 社会的精神基础 [M]. 王永，译. 北京：生活·读书·新知三联书店，2003：91.

会的分裂或者社会与个人之间关系的不协调。

这样，弗兰克通过对服务原则、团结原则和自由原则的基本内涵及其在社会生活中的意义的探讨，整合与协调了人的社会生活中的基本的二重性或者说二元对立现象，保障了人的社会生活的存在和和谐发展。

第四，弗兰克论人与人的悲剧关系。基督教人道主义揭示了，人在很大程度上是悖论的存在物，在人身上不仅存在人与上帝、人与世界的悲剧性冲突，而且还存在人与人之间的悲剧性冲突。从社会外部来看，当今的社会生活带上了某种极富悲剧性的色彩，"一方面，世界大战结束后，人类似乎进入了充满动荡、政变、风起云涌的历史运动的时代，无论是国际政治还是国内政治都不再似以往那样稳定，许多老牌国家瓦解了，一些尚不稳固、目标不明的新兴国家崛起；新的国家生活形式代替了旧的国家生活形式，一切固有的日常生活基础摇摇欲坠，政治生活分崩离析，满目混乱无序，风雨飘摇，人们纷纷寻求新的生活形式。……不久前还一直被公认为世外桃源典范的东方各国现在也是风起云涌，面临欧洲文明霸权的威胁。人类在世界大战中所受的创伤尚未痊愈，又受到了新的战争和动荡的威胁。文化和平发展、公民意识加强、性情温和、个人自由得到保障的祥和时代已成明日黄花，我们被卷入一个巨大的旋涡中，历史的激流奔腾着、咆哮着，挟裹着我们冲向一块块险石，不知去向何方；同时，现代人不同于经历过 18 世纪末 19 世纪初那场激烈的历史运动的那代人，他们没有任何确定的社会精神信仰。不仅旧的生活基础，而且所有旧的思想和信念都受到动摇，却没有一种新的思想可以取而代之去激励人类，树立起人类对自己的信仰，即使是以俄国共产主义为代表，把握生活命脉的社会主义信仰只不过是庆祝普鲁士式的胜利，实际上，正由于树立了社会主义信仰，信仰的魅力才遭到破坏，纵然始终走在思想运动后列的农民大多仍深受这种信仰的统治，而富于创造性的思想家，那些将来必将获得生命之思想的创造者已漠然处之，还感到了它必然破产的终极命运。正是社会主义在其鼎盛时期的崩溃构成了人的精神生活的某种重大转折点，以为随着社会主义的崩溃，社会主义的前提——对人本性善的人道主义信仰、对永恒人权的信仰、对人类能够通过各种手段构筑人间天堂的信仰——也随之消失，这种信仰几百年来在整个欧洲思想界根深蒂固，但是还没有一种崇高的信仰来替代这种崩溃了的或者至少是日趋消亡的人道主义信仰。以往的诸神遭千夫所指、身败名裂，一如僵死的神像，而新创的真理却不能深入人心，不能让人信服。我们生活在一个没有宗教信仰、充满怀疑与失望、出世冷漠的时代，我们不知道应该为什么而工作，应该追求些什么，为什么而竭尽自己的绵薄之力"①。

再者，不仅我们所面临的外在的社会生活使人处于悲剧状态，而且，在外部生活和内在生活的协调之间也存在着悲剧性的关系。在冷冰冰的客观现实中，在集体性的人类生活的领域，即人类社会和人类交往的世界中，历史事实不断地告诉我们，这个世界对我们的统治不是在减弱，而是在不断增强。即使在我们的纯粹个人关系方面，我们也应当及时想到，他人的内心生活作为一种客观事实摆在我们的面前，我们要么对它漠不关心，要么让它限制和束缚着我们内在的本质，我们的个性的内在本质生活在与客观现实事件盲目进程的激烈对抗之中。总之，不管怎样，我们称之为幸福的东西，即构成我们心灵的本质本身的那些与生俱来的需求的满足，总是无法实现的。"人们的生活，甚至是表面上看来最成功的生活，在很大程度上也是一根长长的失望与挫折之链，是十足的无法解决的需求。人心的永恒的理想——使个人生活和社会生活的外在运行和安排同人的精神的内在的需求协调起来，注定是无法实现的乌托邦。"②

此外，依据社会的本质具有精神性，社会生活的基础是来自具有"会同性"的"我们"这一观点来看，弗兰克认为，人与人之间所构成

---

① C.谢·弗兰克.社会的精神基础 [M].王永，译.北京：生活·读书·新知三联书店，2003：5-6.

② C.Л.弗兰克.实在与人 [M].李昭时，译.杭州：浙江人民出版社，2000：125-126.

的社会关系应该如同"会同性"内涵强调的一样，是"多中的统一"，即"自由和统一"。这也就是说，各个不同的个体在思想上不是孤立的，而总是在某种程度上是一体的。因此，"个体意识不是第一性的，而是从一般意识中逐渐分化出来的，所以它永远不能脱离整体，所以'个人在最完全和最深刻的意义上是从作为整体的社会中产生的'。'我'离开了其对立面的'你'，是不可能的，但这种对立在'我们'被克服了——'我们'绝对不同的个性存在的统一。这样，'我'与'我们'既个人存在的首要范畴，也是社会存在的首要范畴。由于这些范畴是互相关联的，因此对它们的理论认识，也像对它们的实践应用一样，只有通过上面的更高的绝对第一原则——上帝，才能达到。上帝是这样一种统一，它同时从外部包容和从内部决定一切存在的本质。'我'的真理，也像'我们'的真理和二者统一的真理一样，只有当'我'和'你们'亲自把自己从属于最高原则——上帝的时候，才能实现"①。

这样，我们就发现，人在其所生存的外在社会生活层面由于受到战争、人的自然本性等诸多因素的影响处于一种悲剧状态，而且人的内在生活由与其神人本质理应与社会的会同性本质构成和谐的统一体，然而，在弗兰克看来，这一切都只能是无法实现的乌托邦。为摆脱这种悲剧状态，弗兰克指出，社会生活的唯一使命，其终极目标就是实现人类这种真正的本质所在，也就是"神性化"，这意味着，社会发展的终极目标是"在共同的人类生活中尽可能完全地体现神的正义，在生命的天上的本初基础的完满、深刻、和谐和自由中实现生命本身"②。但是，弗兰克最后不得不承认，人类永远无法彻底达到这一目标，而只是尽可能地无限接近神。

---

① H. O. 洛斯基. 俄国哲学史 [M]. 贾泽林，等译. 杭州：浙江人民出版，1999：355.

② H. O. 洛斯基. 俄国哲学史 [M]. 贾泽林，等译. 杭州：浙江人民出版，1999：356.

# 第四章 弗兰克人道主义哲学思想的 理论特征

弗兰克人道主义哲学以俄罗斯民族传统文化为理论阐释背景，它是典型的基督教人道主义。为更好地把握弗兰克人道主义的理论特质和精神内涵，本章将从马克思主义人道主义视角对弗兰克人道主义进行审视和评判，既有效矫正其思想上的错误与偏颇，也为展现其人道主义哲学思想的理论特性，以此廓清弗兰克人道主义思想的局限性及其价值。

## 第一节 马克思主义视域下的弗兰克人道主义哲学

为更好地把握其人道主义思想的理论特质、精神内涵和理论局限性，我们必须从马克思人道主义视角对其加以考察和审视。这既得益于本文创作的方法论要求，更在于马克思人道主义的理论超越了西方历史上种种有神论人道主义和无神论人道主义，为人的自由的全面实现和发展找寻到理论和现实的根基。

### 一、弗兰克从人道主义视角对马克思思想的解读

弗兰克看到了马克思主义学说的自身价值，他承认马克思主义在社会学方面的真理性，认同马克思对资本主义的批判和其人道主义思想中

所包含的合理内核。马克思的著名命题"哲学家们只是以不同的方式解释世界，而问题在于改变世界"与弗兰克对哲学使命的理解不谋而合，弗兰克把俄罗斯世界观的特征定性为实践世界观，即它总是期望在某种程度上改变世界，给世界带来福利，而不限于对世界的理解。但是，他对马克思的哲学思想及其唯物主义理论却持异议。在成为一名著名的"合法马克思主义者"之后，他又很快转向宗教唯心主义，并最终皈依宗教。最后，他从宗教世界观视角对马克思人道主义思想进行解读。

首先，弗兰克通过对马克思著作的研究，认为马克思思想中贯穿着人道主义，这种人道主义旨在批判资本主义社会对人的压迫和奴役，压制了人的个性，扭曲了人的形象，使人丧失了本质。而马克思就是要通过对资本主义社会制度的全面批判，将人丧失的本质归还给他自身。因此，他认为马克思是一个人道主义者，并将其人道主义思想放置到整个西方人道主义传统中定位和分析。他指出，马克思强调经济的重要性，并从经济的角度，即从人的物质的、肉身的天性上去考察人的本质。马克思强调人的价值，"人不仅在观念中，而且在自己的现实生活中也应当是自己命运的主宰者"①。弗兰克指出，人掌握了经济原素，他就是全能的，就能成为世间的神。但是个体的人无力做到这一点，为此人只能通过集体化，只能使个人依附于集体。完成这个任务的角色应该是"无产者"，因此，无产阶级在这里就扮演着"选民"的角色，他肩负着在人间实现建立神的王国的使命。以无产者为代表的集体的个人具备世间之神的一切属性：他的意志是不容反驳的最高等级，是善的绝对标准，他有权利杀死自己的敌人和人的个性，于是，丧失了个性的个体成为"人类蚁群中的一只蚂蚁，成为庞大的神化的社会及其上一个无足轻重的辅轮"。于是，人变成了"人神"，"人道主义转化为反人道主义，人的自我确认导致人的否定。断言社会居于个人之上，无产阶级居于工人之上，

---

① С.Л.弗兰克.实在与人［M］.李昭时，译.杭州：浙江人民出版社，2000：162－163.

居于具体的人之上。人从过去的偶像膜拜中解放出来，又陷入新的偶像膜拜"①。

其次，弗兰克认为，马克思主义作为西方文明的产物，深受西方思想传统的影响，其整个理论体系的重要基础和核心内容是人性善和进步理念。他指出，人性善的理论使人相信，人类生活的一切不幸与缺陷都源于个别人或某一阶级的错误或恶行，人类幸福的自然条件是存在的，为建立人间天国，只需消除强暴者的不公正或被压迫的大多数人的愚昧无知。依此观点看来，人类幸福问题是外在的社会制度问题，又由于幸福要以物质财富来保障，因此最终可以归咎于物质分配问题。为了保证人类幸福，就应当从少数不公正的财富占有者手中剥夺这些财富，并永远消除他们占有财富的条件。在弗兰克看来，当马克思抨击人的性本善之时，他指出了人的贪财的不可抗拒力量和阶级利己主义的不可抗拒力量②，马克思无疑是正确的。

弗兰克认为，马克思主义奉行进步观，把社会理解为一个由低级向高级逐渐上升的过程，其终点是共产主义社会。共产主义是人类奋斗的最终目标，在向这个目标奋斗的过程中，人类要经过漫长的历史时期，并且要做出巨大的牺牲。在弗兰克看来，马克思的这种历史观带来的结果和实质，一是为历史上的恶辩护，二是把过去和现在看作达到未来的手段，一代人或几代人成为下一代人过上幸福美好生活的垫脚石，因而是不道德的。他认为，两次世界大战的爆发，已经让我们看到，文明的、被科学理性照亮的、被人文道德理想净化的欧洲，已走到了无人性的、无意义的世界大战，已站在了无政府主义的、丧失理智的、新野蛮的门槛上。因此，相信进步、相信人类将不断地走向完善、相信人类理性能

---

① 尼·别尔嘉耶夫.俄罗斯思想［M］.雷永生，邱守娟，译.北京：生活·读书·新知三联书店，2004：96.

② С. Л. Франк. Свет во тьме: Опыт христианской этики и социальной философии ［М］.Париш，1949г，стр. 60 - 61.

够给人带来福祉的信念彻底被摧毁。没有这样一条预先被指定的道路，仿佛人类只要沿着它走，只要对它进行客观的确定和科学的认识就可以找到自己生命的目的和意义。为了知道自己为什么生活和到哪里去，每一个人都应当在各自的层次上，在自己精神的深处为自己找到绝对的支点；不要在地上寻找自己的路标，这是一片无边的汪洋，这里进行着无意义的波浪运动和各种潮流的撞击，应当在精神的天空中寻找指路明星，并且向着它前进，不要管任何潮流，也许还要逆流而上。

## 二、马克思的人道主义思想

马克思主义哲学中蕴含着丰富的人道主义思想，可以说，人道主义是马克思主义的基本精神[①]，这一精神贯穿在马克思的早期和晚期著作中。笼统地说，马克思的人道主义是一种以人的实践为基础的关于人的存在及其发展的理论。它立足于对资本主义社会条件下人的异化的批判，以人的自由而全面发展和最终实现共产主义为基本价值诉求，以在消灭经济剥削和政治压迫的基础上，通过解放和发展生产力，不断促进经济发展和社会全面进步为实现路径。马克思的人道主义思想不仅仅是抽象的理论思辨，而且具有实践的维度，因此超越了以往的抽象人道主义。

第一，马克思的人道主义思想以批判资本主义社会中人的异化状态为理论前提。马克思通过对资本主义社会中工人生存状况的考察发现，在资本社会中，物的世界的增值与人的世界的贬值成反比[②]，工人不但受资本家的统治和压迫，而且还要受自己造物的统治与奴役，人彻底异化了。正是基于这一基本现实，马克思对人的异化状态展开深入研究。他指出，人的异化呈现出一个逐步深入的过程，一是劳动产品同劳动者相

---

① 安启念.新编马克思主义哲学发展史 ［M］.北京：中国人民大学出版社，2004：41.

② 马克思恩格斯选集（第 1 卷）［M］.北京：人民出版社，1995：40.

异化；二是劳动行为本身与劳动者相异化；三是人的劳动本质与人的异化；四是人与人异化。马克思对人的异化状况的分析抓住了根本，因为正是资本主义社会的异化，使人丧失了自己的本质，人不再成其为人。马克思认为，要消除人被异化的状态就要消除社会分工，使人直接占有生产资料，为此，就要进行无产阶级革命，建立共产主义社会，最终实现人的全面自由发展。

第二，马克思人道主义从现实的、具体的个人出发。马克思人道主义扬弃了抽象人道主义从理想的人出发的观点，而从现实的、具体的人出发。所谓现实的人，是处在社会关系中从事实践活动的个人，是有感性生命和思维能力的人，是可以通过经验观察加以证实的人。在马克思看来，人的本质在于其社会性，而社会性则是由种种社会关系决定的，因此，为了揭示人的本质就要对社会关系进行解剖。马克思从多种社会关系之中剥离出经济关系，而在经济关系之中最为根本的则是生产关系，"从社会关系中划分出生产关系，生产关系又是和生产力相适应的，它作为一个历史范畴，生产关系的历史发展决定了人的本质的历史演变"①。这样，马克思人道主义把人从束缚他们的现实的社会关系和物质压迫中解放出来，使人真正按其本性生活，从而真正实现以人为本的价值目标。正是从现实的个人出发，才为马克思人道主义从理论步入实践寻找到实践主体，也才使马克思人道主义思想的实践维度找寻到实现基础。

第三，马克思人道主义把实践视为人的本质特征，同时也是实现人的解放的手段与方式。在马克思看来，"全部社会生活在本质上都是实践的"，把实践视为人的本质，把整个世界都看作人的实践活动的产物，是对人的主体性的高度肯定，是把人置于整个世界的中心的表现。再者，马克思把整个世界看作受实践活动推动而不断发展的过程，因此世界的发展就是人自身的发展，是人道主义逐步实现的过程。人是在历史中活

① 张奎良.试论马克思以人为本的哲学发展轨迹 [J].哲学研究，1994（2）：32－39.

动的人，是历史过程的主体，是一个社会存在物，是各种社会关系的总和。而社会关系是基于生产实践而形成的人际经济、政治和思想交往的关系，社会实践水平对社会关系具有决定性作用。从实践哲学的观点看来，对人而言，没有什么是一劳永逸地、一次性地给定的和完成的本质规定。人的本质不是给定的、不变的，人的本质属性在人的实践活动中生成，并在实践中体现和展开。马克思哲学蕴含的人道主义，由于立足于实践基础之上，因而超越了资产阶级人道主义的抽象性与虚幻性，力图在消灭剥削和压迫的基础上，通过不断解放和发展生产力，不断促进经济发展和社会全面进步，不断为提高人的解放程度而创造更好的客观条件。

第四，通过建立共产主义社会而实现人的全面、自由的发展是马克思人道主义思想的价值旨归。通过对资本主义社会中人的异化状态的考察与原因探寻，马克思号召无产阶级用革命手段推翻资本主义制度。"由于在已经形成的无产阶级身上实际上已完全丧失了一切合乎人性的东西，甚至完全丧失了合乎人性的外观，由于在无产阶级的生活条件中现代社会的一切生活条件达到了违反人性的顶点，由于在无产阶级身上人失去了自己，同时他不仅在理论上意识到了这种损失，而且还直接由于不可避免的、无法掩饰的、绝对不可抗拒的贫困——必然性的这种世纪表现——的逼迫，不得不愤怒地反对这种违反人性的现象，由于这一切，所以无产阶级能够而且必须自己解放自己。"① 马克思号召无产阶级起来革命的真正目的是人的本质和人的自由的全面发展。在马克思看来，只有在共产主义社会中，无产阶级的非人状况才能得到彻底改善，人道主义也才能彻底实现。马克思在《共产党宣言》中指出，"代替那存在着阶级和阶级对立的资产阶级旧社会的，将是这样一个联合体，在那里，每个人的自由发展是一切人的自由发展的条件"②。可以说，马克思的共产

---

① 马克思恩格斯全集（第 2 卷）[M].北京：人民出版社，1957：45.
② 马克思恩格斯选集（第 1 卷）[M].北京：人民出版社，1995：294.

主义社会及其实现有着牢固的现实基础，在马克思和恩格斯看来，为了消灭不人道的现实状况，最重要的是发展生产力并在此基础上消灭私有制。只有消灭了私有制，才会彻底扬弃人的异化，人道主义才会真正实现。

马克思思想中所蕴含的人道主义，直面资本主义社会下人的异化状态，从现实的、具体的人出发，不仅科学地揭示了人的本质所在，而且由于其人道主义植根于实践基础之上，因此，为人的解放、人的全面而自由的发展奠定了现实基础。总之，马克思的人道主义彻底超越了西方世俗人道主义和宗教人道主义，是真正的人道主义。

## 三、从马克思的人道主义视角审视弗兰克人道主义哲学

从马克思的人道主义角度审视弗兰克人道主义的理论内涵与价值诉求，我们可以发现，弗兰克人道主义思想植根于东正教背景之下，是典型的宗教世界观的产物，更确切地说，他的人道主义是"神本主义"。虽然弗兰克也关注人的生存和精神状况，推崇人的自由、尊严和价值，但严重偏离了实践唯物主义的路径，因此，其理论难免具有局限性和偏颇。当然，我们不能由此而否定其思想中的积极意义与价值。

首先，马克思直面资本主义社会条件下人的生存危机问题，试图通过无产阶级革命最终建立共产主义社会来实现人的解放和全面而自由的发展。弗兰克在解决人的危机主题时，试图将人拉向宗教怀抱、走神人之路而一劳永逸地解决人的危机问题。弗兰克以"爱上帝、爱邻人"为宗旨，试图通过将人拉向上帝的怀抱、走向神人之路，以此从深层根源上解决人的危机问题。后来，弗兰克也觉得实现神人之路没有希望，因此提出爱的宗教进行理论弥补，无论哪种解决途径，其理论上的乌托邦色彩可见一斑。由马克思人道主义来看，弗兰克的思想不仅仅是出自唯心主义视角，其将人的危机问题仅仅定位在思想层面，因此其解决危机的途径是借助于心灵革命和精神超越。实质上，这种革命的方式也只能

停留在单一的思想层面，无法改变现实世界。实质上，如马克思所言，人的危机问题不仅仅局限于思想层面，经济关系才是导致人的危机的真正的深层根源，因此，只有从经济的视角出发彻底改变生产资料的占有关系，才能从根源上解决人的危机问题。但是，我们也不能因此而完全否认弗兰克基督教人道主义的理论价值，因为他毕竟从精神层面为挽救人的危机提供了一种可行的解决途径。

其次，马克思的实践唯物主义全面而深刻地阐释了人的本质特征，科学地揭示了人类社会历史发展的内在机制，为人类摆脱困境提供了现实的解放道路。弗兰克的人道主义虽然以人为本，但由于脱离了人的社会关系来谈论人和人的自由、尊严价值等问题，尤其"关于这个人生活其中的世界根本没有讲到，因而这个人始终是宗教哲学中所说的那种抽象的人。这个人不是从娘胎里生出来的，他是从一神教的神羽化而来的，所以他也不是生活在现实的、历史的发生和历史的确定了的世界里面；虽然他同其他的人来往，但是任何一个其他的人也和他本人一样是抽象的"①。因而只能解释世界，而无法改造世界。他的人道主义理论所关心的人不是现实的人、具体的人，而是抽象的人，理想中的人。从抽象的人出发得出的人道主义理论难免丧失存在的根基，如同空中楼阁一样。可以说，"在俄罗斯哲学的世界里根本就不存在现实的人，人就是理念的人和生成中的人，它所提供的是对人的理想生存状态的直接描述，是生命的真理，或者确切地说，是'真'而不是'理'，不是超越真实之上的理性指导"②。这句话最恰切地揭露了弗兰克基督教人道主义的无根基性。

最后，马克思的人道主义从现实的、具体的人出发，而弗兰克的人道主义哲学思想则从抽象的人出发。在马克思看来，人不是抽象的蛰居

---

① 马克思恩格斯全集（第 21 卷）[M].北京：人民出版社，1965：369.
② 徐凤林.俄罗斯哲学研究的两个维度 [J].浙江学刊，2007（5）：26-33.

于世界之外的存在物，① 人就其本质而言是各种社会关系的总和，因此，人的解放就是将人从各种社会关系中解放出来。弗兰克对人的本质界定为神人性，即人是神性和人性的二位一体的存在物。在马克思看来，是人创造了宗教，而不是宗教创造了人，宗教是还没有获得自身或已经再度丧失自身的人的自我意识和自我感觉。② 在马克思看来，神或者上帝只不过是人的造物，是人自身异化的产物，神或上帝会随着历史的发展而逐步消逝。因此，弗兰克对人的本质的界定源自其宗教世界观，而且是典型的抽象人性观。再者，弗兰克对马克思主义思想的误读。从马克思主义视角来看，弗兰克对马克思思想的解读源于其根深蒂固的宗教世界观，其理论的偏颇、荒谬不须赘言。弗兰克认为，马克思的人道主义是植根于西方文艺复兴和启蒙运动以来所形成的人性善和进步观，并完全否定了人性善和进步观。实际上，无论是将人性判定为善或者恶，或者是弗兰克的神人性，都是抽象的人性观，都没有将人和人的本质放置在现实和历史的角度上来思考。此外，弗兰克认为，马克思思想中包含着人道主义思想，可见其作为思想家的思想敏锐及其睿智。因为在马克思主义传入俄国之初，为宣传马克思主义，普列汉诺夫领导下的劳动解放社就开始有计划地翻译出版马克思的著作，如《哲学的贫困》《雇佣劳动与资本》《反杜林论》《社会主义从空想到科学的发展》《路德维希·费尔巴哈和德国古典哲学的终结》等。

苏联成立后，为加大力度宣传和普及马克思主义思想，列宁组织翻译出版了一系列马克思恩格斯著作，饱含着丰盈人道主义意蕴的马克思早期著作，如《1844 年经济学哲学手稿》则在 1932 年才有了俄文版。③ 另外，通过对弗兰克生平的研究，发现他本人并未读过洋溢着浓浓人道

---

① 马克思恩格斯选集（第 1 卷）［M］.北京：人民出版社，1995：1.

② 马克思恩格斯选集（第 1 卷）［M］.北京：人民出版社，1995：1.

③ 中国人民大学马列主义发展史研究所编.马克思主义史（第三卷）［M］.北京：人民出版社，1996：324.

主义色彩的马克思早期著作，如《1844年经济学哲学手稿》等著作。当然，弗兰克对马克思人道主义思想的判定并将其放置在西方人道主义思想史上去考察，也具有合理性，但是，认为马克思人道主义思想是庸俗人道主义思想，是西方世俗人道主义思想发展的最高峰，则源于其宗教世界观，认为马克思人道主义将走向反人道主义，弗兰克则犯了理论错误。马克思的人道主义不但没有走向反人道主义，而且从经济、政治和思想文化等层面对人展开了全方位的关怀与关照，并为人的现实解放和自由实现提供了现实的维度，这是弗兰克所无法发现和理解的。最后，弗兰克认为马克思的共产主义思想歪曲了人道主义的本质。把马克思的共产主义社会比喻成宗教的天堂，无产者类同于上帝选民，显然是从宗教世界观角度来看的。但是，抛开其宗教世界观，他对共产主义的理解也是错误的。在马克思看来，宗教是人创造的，是"人的本质在幻想中的实现"，因此，宗教的天堂更是幻想中的世界，不具有任何现实性和实现的可能性。而马克思的共产主义社会则是立足于现实的经济基础之上，通过无产阶级革命可以实现的未来理想社会。从弗兰克对社会主义和共产主义的批判上来看，他并没有真正理解马克思主义。

在西方人道主义思想史上，马克思的人道主义从现实的、具体的人出发，通过对资本主义社会条件下人的异化状态的综合考察分析，发现了人的异化根源于生产资料的占有制，提出了通过无产阶级革命方式摧毁资本主义制度、建立共产主义社会以一劳永逸地解决人的异化状态，并进而实现人的自由而全面的发展。因此，马克思的人道主义超越了西方以往的各种抽象的人道主义理论，是真正的、现实的人道主义。从马克思人道主义的视角审视弗兰克人道主义哲学思想发现，弗兰克人道主义哲学思想建基于其宗教本体论基础之上，是典型的具有宗教性质的、唯心主义性质的人道主义理论。再者，他的人道主义思想从抽象的人性观出发，企图通过人走向神人之路而完成彻底的拯救，这种理论显然是空想的，具有乌托邦色彩。但是，我们也无法彻底否认，弗兰克对人的精神层面的深度关注和对人的精神实在性的论证，直击19世纪末至20

世纪初那一时代的精神疾患，其理论意义和价值不可小觑。

## 第二节　弗兰克人道主义哲学思想的直觉主义特征

在白银时代哲学家们所建构的人道主义哲学思想体系中，弗兰克人道主义的突出特点体现在他将独特的直觉主义认识论与本体论结合起来，在此基础上构架了人的存在的形而上学体系，由此赋予其人道主义哲学思想以直觉主义特征。司徒卢威在纪念弗兰克逝世的纪念性文章中指出：在一篇简短的周年纪念悼词中，在不简化弗兰克哲学体系基本思想的前提下很难表达出弗兰克哲学体系的主要思想。"这些思想主要涉及两个哲学领域：认识论和人类学。'我（弗兰克）的作品现在正朝着两个截然不同的方向发展：一方面是哲学体系的、纯直观的；另一方面是存在主义—宗教的，尽管我认为这是一种精神上的诱惑——在我理性中具有最后综合的形象，但是我可能既没有时间、也没有精力把它完整地描绘出来'。"① 这是弗兰克在自己生命的最后时期对自身思想体系的特征进行的概括和总结。

### 一、弗兰克直觉主义的认识论

就俄罗斯民族的思维方式而言，弗兰克认为它具有典型的非理性主义特征，即尼采所说的"理性良知的不发达"。因此，俄罗斯哲学家们反对西方的理性主义，认为理性并不具有凌驾于人的各种认识能力之上的特权，理性不是万能的，它无法把握活生生的认识对象，不能认识作为整体的世界。在俄罗斯哲学家看来，直觉在认识中应占据一席之地，甚至应居于非常重要的地位，只有直觉才能参透世界的秘密。总之，俄罗

---

① Н. А. Струве. К юбилею Семена Франк ［М］. a. Русское Христианское Движение №121. Париж-НьюЙорк-Москва. 1977г, стр131.

斯哲学家在认识论层面上，在不否定理性主义的认识作用的同时，强调直觉在认识中的重要作用。

　　索洛维耶夫、洛斯基和弗兰克是俄罗斯独特的哲学认识论流派——万物统一的认识论的主要代表。在索洛维耶夫之后的俄国宗教哲学认识论中，直觉主义的最典型代表就是洛斯基和弗兰克，如果说索洛维耶夫的认识论重在对西方理性主义的批判，从普遍综合的观点论证完整知识，那么弗兰克和洛斯基不但继承索洛维耶夫的认识论思想，而且极大地深化了直觉主义理论。尤其需要着重指出的是，弗兰克通过对知识与对象之结构本身的深入分析来探究人的认识的统一的基础，这些分析具有更多的纯粹哲学性特点。

　　西方近代哲学自出现以来，一直在纯粹理性范围内把主体与客体作认识论上的划分，始终无法克服知与在之间的内在矛盾，不能解决真理问题。对于俄罗斯哲学来说，西方哲学是一个巨大的思想棱镜，既发挥了巨大的思想参照作用，也折射出俄罗斯哲学思想的独特性。在俄罗斯思想家看来，认识主体可以直接领悟超主观的现实。这种直接领悟得到洛斯基的详尽表述，并被称为直觉主义的认识论体系。

　　在白银时代哲学家中，洛斯基的直觉主义认识论在《直觉主义的基础》（1906）和《直觉主义的证明》（1907）中获得了系统阐释。洛斯基将直觉主义概念界定为"被认识的客体（即便它是外部世界的一部分）通过认识主体的意识而直接被包含于个人之中，因此应把这一客体理解为不依赖于认识行为而存在的客体"①。在洛斯基看来，"我们的全部可靠知识，都是对真实对象的直接关照"。这种直觉主义的核心思想在于确立这样一种观念："客体是按照它的原有样子被认识的，进入意识之中的

---

① H. O. 洛斯基. 俄国哲学史 [M]. 贾泽林，等译. 杭州：浙江人民出版，1999：323.

不是被认识之物的摹本、符号或现象，而是该物的真身。"① 洛斯基的直觉主义不是索洛维耶夫所建构的完整知识中的神秘直觉，而是依据存在类型的不同层次而对直觉进行系统化。在洛斯基看来，与现实存在、理念存在和元逻辑存在（上帝）相吻合，在认识论层面上存在着感性认识、理性认识和神秘的直觉认识三种范式。洛斯基认为，通过感官或理智所获得的知识只是关于外部世界的感觉材料或者最多不过是间接知识，通过直觉形式，对象进入意识并内在于意识，这样通过直觉就直接拥有对象本身，而不是对对象复本的认识，这直接拓宽了认识的领域。

在洛斯基看来，人对其他事物本质的直观之所以可能，是因为世界是一个完整而有机的整体，而认识主体、个体的自我，则是某种与整个世界紧密联系在一起的超时间和超空间的存在，主体对世界上一切其他本质有这样一种本体论的关系，这使直觉认识成为可能。洛斯基把这种关系叫作认识论的协调，但是这种关系本身还不是认识，为了使客体不仅与我相联系，而且为我所知，主体就应当对客体施加一系列意向性的智力行为，如认识、关注、解析等等。按照洛斯基的这种直觉理论，客体的感觉性质，如颜色、声音、温度等是超主观性的，或者说，它们属于外部世界的实在客体，这些客体对感官的刺激引起了直觉的内容。这意味着，我们所认识的只是客体的一个无限小的组成部分，即客体中那些引起我们兴趣的方面，以及我们在真实存在的和保留在记忆中的内容的背景上所能辨认出来的方面。由于人的力量是有限的，我们不可能马上完成无限数量的辨认行为，因此我们的认识都是片段性的。不同的个人对同一个客体的知觉往往有所不同，这是由于不同的人按照不同的方式选择客体内容的不同方面，也就是把它从潜意识领域换入有意识和认识领域，所以两个观察者在同一客体中往往可以找到有深刻差别的内容。

洛斯基把那些既不具有空间性，也不具有时间性的一切存在，都用

---

① 徐凤林.洛斯基及其直觉主义 [J].郑州大学学报（哲学社会科学版），2002（9）：88－91.

柏拉图意义上的理念存在来表示。理念存在包括这样一些方面的一般概念内容，如性质与它的体现者之间的联系、数量形式和关系（数目、统一性、多样性等）等等。与此相对，洛斯基把一切具有时间或空间形式的现象都叫作现实存在。现实存在只有在理念存在的基础上才能产生并获得系统性的认识。第三类存在是元逻辑的存在，它所面对的是神秘直觉的对象，即上帝。洛斯基在把存在划分为三种类型后，相对应的也就产生了三种不同的认识类型：第一类和第二类存在是理性直觉或推理的客体，第三类存在的认识只能依据直觉。在这两种认识的关系上，第一种认识是第二种认识，即直觉的变种。

弗兰克高度认同和赞赏洛斯基的直觉主义理论。在弗兰克看来，洛斯基在《直觉主义的证明》中所集中阐释的本体论主义认识论，其出发点是直觉事实，他把自己的学说建立在一种完全独有的意识理论之上，但是这种意识不是通常所理解的那种意识，是一个自我封闭的领域，而是开放的，其本质是认识主体与认识对象之间的关系，保证我们的认识行为得以正常进行并能够正确地认识对象。弗兰克认为，洛斯基直觉主义的认识论还需要进一步向前发展，洛斯基通过对认识行为的意识来保证对象的真实认识，但是在认识过程中实际上仅仅发生在感知的时刻，这意味着，存在本身具有先验性的、独立于一切认识的特点却没有得到充分说明，即洛斯基直觉主义理论的缺陷在于"直觉是何以可能的问题"没有得到有力的解释。正是在洛斯基止步的地方，弗兰克开始阐释直觉的可能性问题，由此不断地丰富和发展了直觉主义的认识论。

弗兰克在《知识对象：论抽象知识的基础和界限》（1915）一书中，企图把这种本体论的认识论向前推进一步，这是直觉主义的认识论体系中非常重要的一步。弗兰克指出，如果我们将意识作为认识的唯一出发点，那么我们并不能真正认识存在概念的意义，即不是意识的存在或为了意识的存在，而是存在本身。弗兰克还指出，我们确实拥有存在概念，不仅在自身存在中，而且在一般存在中，这一般存在使我们自己的存在成为可能，我们从属于这一般存在。总之，有某物存在，因而存在着存在本身，这个事实较之我们拥有意识这一事实要明显得多、确凿无疑。全部认识、全部意识、一切概念都是在把握存在的次等的、派生的形式，而第一性的、完全自明的存在是自在的存在，是存在本身的直接显现和"自我揭示"，是我们在本体论意义上作为直接体验而拥有的东西。

在弗兰克看来，俄罗斯精神的兴趣指向心灵生命的最深刻的本体论根源，因此这种创造具有一种迅速超越心理现象本身而达到终极的、包容一切的存在之趋势。关于封闭于自身的个体性观念，是俄罗斯思维所全然没有的。① 弗兰克进一步阐述了认识论的本体论前提和基础，同时将直觉主义的认识论与本体论紧密结合起来。

弗兰克指出，抽象的逻辑认识之所以可能，仅仅是由于对这个包罗万象的统一性的直觉。客体是从属于同一律、矛盾律和排中律的客体，这种相互关系只有在超越 A 与非 A 的规定性范围之外的整体中才有自己的基础，这个整体就是元逻辑的统一，也就是不服从矛盾律的统一，所以逻辑的认识只能建立在另外的、元逻辑的认识基础上，建立在"对完整存在的直觉"的基础上。这个完整的存在就是绝对统一或万物统一。② 这也就意味着，逻辑认识所关涉的因素是从整体中分化出来的，因此这种认识总是抽象的、与较低级的存在有关的，是间断性的、无生命的，是我们通过抽象直观达到的；一切活的存在物属于元逻辑东西的领域，它无法通过抽象直观或者说思想认识而获得认识，需要以全部生命去体悟。

## 二、弗兰克的直觉主义人道主义

弗兰克在论述俄罗斯世界观时指出，俄罗斯思维类型的独特性正在于，"它一开始就是建立在直觉基础上的。对它来说，认识中的系统的、概念的成分虽说不是某种次要的东西，却仍然是某种公式化的、不可与

---

① 弗兰克.俄国知识人与精神偶像 [M].上海：学林出版社，1999：19.

② H.O.洛斯基.俄国哲学史 [M].贾泽林，等译.杭州：浙江人民出版社，1999：342.

完整的生活真理相提并论的东西"①。弗兰克在纯粹哲学领域最大的理论
贡献在于，他通过自己的精神实在论实现了认识论与本体论的统一，即努
力全面阐释关于存在和知识的一般学说，建立关于存在和知识的统一科学。

　　弗兰克认为，要解决真理问题，只有依靠直觉。所谓的直觉，"实际
上就是人的生命对存在的直接感悟，是一种不同于理性的非理性认
识"②。在弗兰克的本体论结构中，一般性存在，如自然存在物等，我们
可以借助于感官直接感知到它的存在；观念性存在，如柏拉图意义上的
思想和观念的存在；自为的存在，如上帝。尽管存在被划分为不同的层
次，但是，它们之间却具有内在的紧密联系。"个体的存在根源于作为
'万物统一'的绝对者，由于这种万物统一，每一个客体在被认识之前就
处于和我们的直接联系中，因为'我们不是通过意识，而是在我们自己
的存在中和它融为一体'。抽象的逻辑认识之所以可能，仅仅是由于对这
个包罗万象的统一性的直觉。"③

　　从知识与对象的关系出发，弗兰克进一步论述了存在与认识之间的
相互关系问题。"实际上，我们拥有不止一种知识，而是两种知识——在
概念和判断中表达的关于对象的抽象知识——这总是第二序列的知识，
和在对象的元逻辑的完整性和连续性中对对象的直觉——第一性的知识，
前一种知识是在后一种知识的基础上并从它之中产生出来的。"④ 他指
出，存在着两种主要的知识类型，即对象知识和活知识，它们与存在类
型相吻合。那么什么是对象知识和活知识呢？第一，体现在概念和判断
中的抽象知识，这种知识在本体论的视域中与特殊类型的存在吻合，弗
兰克称之为对象现实或者一般现实。它是外在世界经验材料对象的和人

---

　　① 弗兰克.俄国知识人与精神偶像 [M].上海：学林出版社，1999：4.

　　② H.O.洛斯基.俄国哲学史 [M].贾泽林，等译.杭州：浙江人民出版，1999：
340.

　　③ H.O.洛斯基.俄国哲学史 [M].贾泽林，等译.杭州：浙江人民出版，1999：
341.

　　④ 徐凤林.俄罗斯宗教哲学 [M].北京：北京大学出版社，2006：206.

的心理—肉体生活现象的总和，但是它们还不是存在本身，真正的存在，而是理性—逻辑研究的结果和认识材料体系化的结果，构成了作为思维和感知存在的人与这个对象世界相互作用的过程。第二，是活生生的直觉主义知识，借助于它就可以洞悉存在的更深层次，即实在。所有处于对象现实之外的一切，都可以划入实在之中，其中包括人的内在的灵魂—精神生活、人的意识和自我意识以及作为万物统一体的上帝。在弗兰克看来，哲学的唯一研究对象就是上帝。活知识是直觉知识，它对应的是存在的更深层结构，即实在领域，如人的内在精神生活、人的自我意识以及作为一切存在之最终基础的上帝，都属于这类知识对象。活知识是通过主体与对象的超理性的、本体论上的融合，或者更准确地说，活知识是通过直觉获得的。因此，活知识是第一性的知识，而活知识之所以可能，是因为我们的全部知识对象或一切存在物，具有元逻辑的统一，或万物统一。为什么叫作元逻辑的统一呢，因为它作为世界存在和人的认识的共同基础和出发前提，不能靠逻辑思维来把握，只能以最初的、先于逻辑的方式被直接给定。但这个万物统一或元逻辑的统一不是认识主体之外的世界的形而上学基础，而是容纳主体和客体于一身的本原。

最后，弗兰克还采用"不可知物"的概念来说明知识的终极基础。这个"不可知物"不同于哲学史上的各种不可知论的概念，也不同于康德的"自在之物"。弗兰克所说的不可知物并不是指某种为我们的经验认识和理性认识所无法认识的存在领域。实质上，这种"不可知"是对逻辑理性至高无上的否定，同时是对人与世界的认识之含义的深层揭示。在理性主义的认识方针下，认识等同于主体对客体的概念化理解。在弗兰克看来，在可知世界周围的是不可知物的黑暗深渊，我们可以感觉到不可知物的实在，但是这种实在并不是我们借助于感性或理性认识能认识到的，因为它具有某种完全不同的存在尺度。当我们领悟这一不可知物和深入思考它的存在尺度时，该尺度之内容与表现仿佛为我们所不可理解，离我们无限遥远，同时又潜藏于我们个性的内心深处，我们会发现，我们突然以另一双眼看到了我们所熟知的对象世界和我们自己。

弗兰克把这个不可知物作为本体论范畴。在这里，一切都是相互联系并且相互交织的，这个融为一体的整体不能被认为是具有明确规定性的整体，它是超越一切规定性的，因为一切规定性都是对它的限制。绝对的不可知物即万物统一的本原，对它的认识只能依靠最高直觉。在这个最高直觉中，达到了矛盾的对立统一，原有的互相排斥的"非此即彼"变成了互相包容的"亦此亦彼"。只有通过这种矛盾的二律背反之路才能通达真理。弗兰克最终用基督教观念来说明不可知物的本体性，他称之为"神性之物"，它是超理性的万物本原和原初生命。① 总之，弗兰克试图通过"不可知物"的概念反对欧洲近代思想中的理性至上论，试图表现人类只有借助于直觉才能认识超理性、不可知性或不可解性的存在，进而揭示出全部存在的完满性和不可穷尽性。

弗兰克在这一不可知的原初统一体基础上阐明认识和认识过程的直觉本质。知识必然是关于某种对象的知识，这一对象的存在不依赖于我们的认识活动。也就是说，认识总是对某种在我们意识之外的对象的知识，这也是我们预先设定的认识目标，进而获得关于对象的知识。但是，我们真的能认识对象本身吗？还是仅仅形成一些基本的概念和表象？弗兰克对此进行了细致的划分："我们应当区分知识对象的内容和知识的内容。知识的内容是我们关于知识对象的表象的总和，在这个意义上它是主观的、我们的意识所具有的东西。这就产生了我们刚才的问题——我们根据什么来断定，我们关于对象的主观表象，就等于对象本身的内容呢？"②

弗兰克指出，我们之所以能够直接认识对象，是因为一切都存在于绝对存在之中，这个绝对存在是我们周围和内心直接存在之物的原初统一体，正是在这个统一体基础上并且只有在这个统一体的基础之上，才可能产生意识主体和意识对象的分化，也就是在认识过程之前，对象就

① 徐凤林.俄罗斯宗教哲学 [M].北京：北京大学出版社，2006：209.
② 徐凤林.俄罗斯宗教哲学 [M].北京：北京大学出版社，2006：210.

已经以某种特殊形式潜在地存在我们内心之中，因此我们才能够去关注一个未知对象，我们的认识才有可能。

弗兰克还指出，认识过程的本质就是向未知领域的深入，给不确定的东西赋予确定的内容。在这种情况下，被认识的具体内容也正是对象的内容，即存在本身。因此，知识的内容，也就是我们关于存在的观念，最终是与知识对象本身的内容相符合的，也就是与存在属性本身相符合的。那么这里自然又产生一个问题：既然我们已经潜在地把握了认识对象，为什么还需要再认识它呢？弗兰克回答说，对知识对象的潜在把握还不是关于对象的知识，这仅仅是获得知识的可能性，还不是知识本身。认识主体必须做出专有的努力才能把我们所直接拥有的客体的直接体验信息转化为知识内容。

弗兰克又指出，个体的存在根源于作为万物统一的绝对者上帝，由于这种万物统一，每一个客体在被认识之前就处于和我们的直接联系中，因为我们不是通过意识，而是在我们自己的存在中与认识对象融为一体，即存在与认识的直接同一。我的存在就是存在，它从属于和植根于普遍的存在，个人的全部生活内容，他的思维活动，是从这一根基上发展出来的。这种对深层的自我存在同时又是客观的、超个人的和自明的、存在的直接感受，是典型的俄罗斯本体论主义的体现。俄罗斯宗教意识从来不会追问人是怎样走向拯救的：通过内在的思维形式和信仰，还是通过外在行为，因为这是以人与上帝之间外在的关系，或者说人与上帝之间的分离为前提的。

在白银时代哲学家中，对直觉主义具有深入研究的是弗兰克与洛斯基，但是洛斯基的主要贡献是认识论；对人道主义研究比较突出的有别尔嘉耶夫、卡尔萨文等，但是他们对直觉主义少有涉猎。唯有弗兰克，既在认识论领域继承和发展了直觉主义理论，同时又将直觉主义认识论与人道主义哲学思想的本体论紧密结合起来，这既是其人道主义哲学对白银时代人道主义哲学思想的突出理论贡献，更是其人道主义哲学思想的独特理论魅力之所在。在弗兰克哲学中，认识论与本体论紧密联系在一起，并且本体论是弗兰克人道主义哲学的理论基础，因此，我们强烈地寻求这样一些形而上学问题，如人的本质以及人生的意义等问题的答案，由此不可避免地产生了关于"人的认识的意义和本质"的问题。正是由于本体论和认识论紧密联系在一起，因此，弗兰克人道主义哲学被称为直觉主义人道主义。

# 第五章 弗兰克人道主义哲学思想在当代俄罗斯的接受及其时代价值

19世纪末至20世纪初期正是"俄国向何处去"的历史谜题亟须破解的历史时期，具有自由主义思想倾向的新精神哲学知识分子"旨在更新教会—社会关系，希望赋予社会一种新的宗教动机，使宗教成为解决社会问题的一个富有实效的工具"。这场精神更新运动的主旨，是自由主义知识分子试图在俄国东正教传统文化基础上回应俄国现代化问题，是后现代化国家的传统文化与西方文化之间文化冲突的产物。这与中国儒家思想面对现代化的思想困境时有着相同的历史和文化语境，因此，在现代化语境下如何激活传统文化的当代价值以促进本民族的现代化发展，新精神代表们的理论思考对于中国现代化来说也具有一定程度的理论意义。

## 第一节 弗兰克人道主义哲学思想在当代俄罗斯的接受

白银时代宗教哲学无疑是最富有俄罗斯民族特色的理论成果，但是因为特殊的政治因素，弗兰克长期流亡国外。直至20世纪80年代，伴随着意识形态领域政策的宽松，弗兰克的著作和思想才开始逐渐回溯到祖国，再加上苏联解体导致的"意识形态领域的真空状态"迫切需要填补的际遇，弗兰克的思想，尤其其人道主义哲学思想逐渐成为俄罗斯学者关注和研究的焦点之一，弗兰克的人道主义哲学思想正是在这种情况下走进中外学者们的理论视野。那么弗兰克的新精神哲学思想的缘起、演变及其理论内涵是什么？它将会在当下的俄罗斯产生什么样的历史影响？它能否为俄罗斯现代化建设提供一定的理论支撑或理论借鉴？它在当代俄罗斯文化重建中将扮演什么样的角色并产生什么样的影响？它在当代俄罗斯哲学中的历史定位是什么？当代俄罗斯哲学家如何评价它？

## 一、弗兰克哲学思想与文本的回溯

苏联解体后至今，从 1990 年开始俄罗斯哲学的权威期刊《哲学问题》大量刊载白银时代哲学家的文章及其研究性著作的介绍以及研究文章、专著、文章和档案研究，如《谢·弗兰克.恐怖时期的思想家.谢·弗兰克尚未被读过的文章、信件、回忆录》（莫斯科，2001）[①] 和《谢·弗兰克论哲学的不可能性（致友人的信）》[②]《谢·弗兰克临终遗言。回忆与思考》[③] 以及《别尔嘉也夫、布尔加科夫、诺夫格罗德采夫和弗兰克致司徒卢威.弗兰克与司徒卢威通信》[④]《"伟大转折的亲历者：阿·爱

① С. Л. Франк. Мысли в страшные дни. Франк С. Л. Непрочитанное... Статьи, письма, воспоминания ［М］. М.: Московская школа политических исследований, 2001г.

② Франк С. Л. О невозможности философии. （Письмо к другу） ［М］. Вестник РХД. Париш-НьюЙорк-Москва. 1977. № 121 （Ⅱ）.

③ Франк С. Л. Предсмертное. Воспоминания и мысли ［J］. Вестник РХД. 1986г. № 146.

④ Колеров М. А. Изнутри. Письма Бердяева, Булгакова, Новгородцева и Франка к Струве. Переписка Франка и Струве （1898—1905/1921—1925） ［М］. М.: Издание книжного магазина "Циолковский". 2018г.

因斯坦与谢·路·弗兰克的通信"》①。2010 年出版了《弗兰克著作选集》，使弗兰克著作大量回流到俄罗斯。俄罗斯学界还出版了《弗兰克全集》（第 1 卷，1896—1902，Изд-во ПСТГУ，2018）、《弗兰克全集》（第 2 卷，1903—1907，Изд-во ПСТГУ，2019）、《弗兰克全集》（第 3 卷，1908—1910，Изд-во ПСТГУ，2020）、《弗兰克全集》（第 4 卷，1911—1916，Изд-во ПСТГУ，2022）、《弗兰克全集》（第 5 卷，1908—1910，Изд-во ПСТГУ，2023），后续还将继续完成弗兰克全集其余部分的出版任务。最后，2024 年再版了《弗兰克全集》（第 1 卷，1896—1902），这说明弗兰克精神遗产在当代俄罗斯的理论分量。

苏联解体后，当下俄罗斯学界研究传统哲学思想比较有代表性的丛书有《国内哲学思想史》和《20 世纪上半叶俄罗斯哲学》，弗兰克作为一个独立的哲学家名列其中。苏联解体前后，最权威的哲学杂志《哲学问题》组织了"20 世纪上半叶俄罗斯哲学"的圆桌会议，在这次圆桌会议上，与会学者从不同维度不断提及弗兰克哲学思想，也谈及了其哲学思想的当代价值。总体来看，当代俄罗斯学界在研究俄罗斯民族哲学思想的过程中，不仅重塑了弗兰克的思想家形象，而且不断从学理上挖掘其思想的理论意义与现实价值。

在当代俄罗斯学者研究弗兰克哲学思想的文本中，侧重于从宏观视角研究的代表性文本是阿里亚耶夫（Г. Е. Аляев）和蔡佳尼克夫（А. С. Цыганков）的《谢苗·柳德路维奇·弗兰克：生活与创作》②。他们在文中从以下几个方面阐释了弗兰克的哲学思想，如绝对实在与本体论、有学问的无知和反一元论、哲学心理学与人类学、社会哲学、宗教现实主义与自由主义保守主义、不可知物、宗教体验的哲学或神秘主义、走向

---

① Т. Оболевич，А. С. Цыганков. Свидетели《великого перелома》：переписка А. Эйнштейнаи С. Л. Франка ［J］. Вопросы философии. 2018. № 11.

② Г. Е. Аляев，А. С. Цыганков. Вестник РУДН ［М］. Серия：Философия. 2019. Т. 23. № 2.

原初直觉哲学体系，基本上囊括了弗兰克哲学思想体系的理论横断面，但是从对各个问题的探讨来看，比较简明扼要，并未对某一个具体的研究领域展开研究。

从纯粹哲学视角的研究，仍然是当代俄罗斯学者研究弗兰克哲学思想的主流范式。正如同时代思想家所评价的那样，弗兰克是思想深邃的纯粹哲学家，其在本体论、认识论，尤其直觉主义领域都有深入的研究，他不仅在俄罗斯思想史上，在西方哲学史上也产生了深远的影响。如蔡佳尼克夫的《复兴形而上学之路上：С. Л. 弗兰克与 Э. 柯莱特》①、奥博列维奇（Т. Оболевич）和蔡佳尼克夫的《科学与宗教的冲突是两种信仰的冲突：弗兰克观点》②《谢·弗兰克：索洛维耶夫诗集的造诣》③、安东诺夫（К. М. Антонов）的《谢·路·弗兰克在"大三部曲"中的宗教哲学问题：〈知识对象〉〈人的灵魂〉〈社会精神基础〉》④、阿里亚耶夫（Г. Е. Аляев）和列兹维赫（Резвых Т. Н.）的《神秘直觉的认识论：谢·弗兰克与列布留尔》等代表性文本。在这些纯粹哲学领域的研究中，对弗兰克本体论的研究主要集中在对宗教本体论的论证上。蔡佳尼克夫在文中指出，针对 19 世纪末至 20 世纪初俄罗斯文化中虚无主义思想倾向的增强，弗兰克从马克思主义转向了宗教唯心主义，试图复活形而上学思想，以为俄罗斯文化危机、人的危机提供精神指引。弗兰克通过对俄罗斯思想史上陀思妥耶夫斯基、索洛维耶夫等人的形而上学思想的借

---

①　А. С. Цыганков. На пути к возрождению метафизики：С. Л. Франк и Э. Корет ［М］. История философии. 2018. Т. 23. № 2. С. 139 – 147.

②　А. С. Цыганков. "конфликт науки с религией есть конфликт двух вер …". Позиция С. Л. Франка. Приложение：С. Л. Франк. 《об отношении между религией и наукой》［J］. Соловьевские исследования. Выпуск 2017. 1（53）.

③　Г. Е. Аляев. С. Франк：подготовка антологии В. С. Соловьева ［J］. Соловьевские исследования. 2017. № 1. С. 6 – 55.

④　К. М. Антонов. Проблематика философии религии в《большой трилогии》С. Л. Франка：《Предмет знания》，《Душа человека》，Духовныеосновы общества ［М］. М.：Изд-во ПСТГУ，2015г.

鉴与吸收，创造出人的存在的形而上学思想体系，将俄罗斯哲学引向世界哲学的舞台。在对弗兰克直觉主义认识论的研究中，阿里亚耶夫和列兹维赫对弗兰克直觉主义认识论的理论来源、思想贡献以及存在问题等进行了较为集中的梳理。

第三，将弗兰克哲学思想与西方哲学家思想进行比较研究，以此凸显出弗兰克哲学思想的理论独特性及其当代价值。如蔡佳尼克夫（A. C. Цыганков）的《当代德国思想家论 С. Л. 弗兰克的著作：哲学评价的"游戏规则"》①、雷宾娜（ЛарисаБорисовнаРыбина）的《谢·路·弗兰克哲学与西方哲学思想遗产中的社会精神问题》②、娜扎洛娃（O. Назарова）的《谢·路·弗兰克在德国（M. A. 亚历山大·菲尔斯杰洛）》③ 和《谢·弗兰克哲学遗产在德国反思的几种范式》④ 中分别从德国哲学家对弗兰克哲学思想解读的视角阐释弗兰克哲学思想及其当代价值。娜扎洛娃分析研究了在谢弗兰克在本体论的"我—你—我们"基础上的爱的现象，并且将索洛维耶夫在《爱的意义》一书中所阐释的爱的现象进行比较，作者的结论是人的爱应该理解为是神之爱创造性化身，因此弗兰克的爱的哲学建基于"我们"本体论基础之上。还将亚历山大·菲尔斯杰尔（M. A. Александра Ферстер）教授的文章《跨人际的相遇"M. 海德格尔的共在"与 C. 弗兰克的"我们—存在"》（慕尼黑，2003），从德文翻译成俄文，集中介绍了在西方思想语境中的弗兰克哲学

---

① A. C. Цыганков. Современные немецкие мыслители о творчестве С. Л. Франка："правила игры" философской рецепции［J］. Соловьевские исследования. 2015. №4.

② ЛарисаБорисовнаРыбина. Проблема общественного идеала в философии С. Л. Франка и в наследии европейской философской мысли［M］. Вестник КГУ им. Н. А. Некрасова2013：№ 6.

③ O. Назарова. С. Л. Франка в германии（Александр Фёрстер М. А.）［M］. Соловьевские исследования Вып. 2018. 1（57）.

④ O. Назарова. О формах осмысления философского наследия С. Л. Франка в Германии［M］. Соловь ?? вские исследования. Выпуск 2018. 1（57）.

思想的理论价值与意义，即弗兰克宗教哲学中以艺术表现形成存在的思想，这一思想可以与海德格尔的存在思想产生共鸣。再如，将弗兰克与德国思想家进行对话，如列兹威赫（Т. Н. Резвых）的《德—俄哲学对话：弗兰克与舍勒的上帝与世界》① 一文就非常具有代表性。总之，通过将弗兰克与西方思想家的思想进行比较研究，无疑极大地拓宽了弗兰克思想的想象空间，赋予其人道主义精神更大的思想张力。

　　第三，从文化哲学视角研究弗兰克的哲学思想。其中代表性著作有聂芙列娃的《谢·路·弗兰克的文化哲学》② 以及马林诺夫娃（С. В. Малиновская）的《弗兰克遗产与俄罗斯文化的精神问题》③ 等。马林诺夫娃在文化哲学研究框架内研究了弗兰克的哲学思想，认为弗兰克是"俄罗斯人道主义思想的一种独特的现象"并致力于研究哲学文化概念，即弗兰克对精神、信仰和精神在人类生活中的作用的看法都反映和体现出俄罗斯文化的独特性，强调了信仰在文化发展中的独特作用，以及复兴文化的方式和方法。

　　第四，从社会哲学视角研究弗兰克哲学思想及其当代价值。在蔡佳尼克夫（А. С. Цыганков）的《谢苗·柳德路维奇·弗兰克：生活与创作》一文中，作者从弗兰克的"我"与"我们"之间的本体论关系出发，阐述了社会存在是一种真正的本体论存在，是真正的整体性存在；它必须遵循一系列原则，以确保社会的存在和个人自由的实现。格鲁吉娜（Т. Н. Грудина）的《社会生活的宗教：谢路弗兰克的社会学遗产及

---

①　Т. Н. Резвых. Немецко-русский философский диалог：Бог и мир у С. Франка и М. Шелера［М］. Философия религии：аналитические исследования. Т. 5. № 1. С. 68 – 83

②　И. М. Невлева. Философия культура С. Л. Франка. Монография［М］. СПб：Алетейя，2007г.

③　С. В. Малиновская. Наследие С. Л. Франка и проблема духовности российской культуры. культурология и искусствоведение.

其当代价值》① 一文中，作者从社会哲学的棱镜审视弗兰克的俄罗斯哲学和社会政治思想，着重分析了社会的精神本质，首先是道德本质、宗教本质，以及其社会哲学思想在当代的价值。波利思夫（Б. П. Борисов）和科尔舒诺夫（К. В. Коршунов）的《谢·路·弗兰克社会哲学中的宗教原则及其本质（基于〈宗教的宗教本质〉一文的研究）》②。

另外，当代俄罗斯学者还从弗兰克与马克思主义关系视角，如马林基（А. Н. Малинкин）在《谢·路·弗兰克论马克思主义的精神—道德前提与俄罗斯革命的真正起源》③ 中，探讨了合法马克思主义者弗兰克对马克思主义的精神—道德前提进行分析，认为马克思主义贯穿的主要是自然科学主义精神，而欠缺道德基础。在这个意义上，他认为孔德和马克思的思想虽然存在着一定的差异，但是基本上是接近的，即其方法都是自然主义，并且低估了人类社会的精神与道德基础。当然，当代俄罗斯学者也将弗兰克置于合法马克思主义思潮的视野中进行考察，认为他在一定程度上修正了马克思主义基本原理，主要是对政治经济学和社会学思想的修正。

此外，从弗兰克论述普希金、陀思妥耶夫斯基和托尔斯泰等思想家的视角对弗兰克的哲学思想进行了全方位的探讨。如达列尼斯基（В. Ю. Даренский）在《谢·弗兰克研究中的普希金诗歌的世界观基础》④ 一文中，对弗兰克的普希金研究进行了再分析，认为弗兰克对普希金的个性

---

① Т. Н. Грудина. Религиозные детерминанты общественной жизни: социологическое наследие С. Л. Франка и его применимость к современности[J]. Социология . 2021: №2.

② Б. П. Борисов, К. В. Коршунов. Религиозные принципы и начала общественной жизни в социальной философии С. Л. Франка（по его статье《Религиозные основы общественности》）［J］. Universum: Общественные науки: электрон. научн. журн. 2017. № 6 (36).

③ А. Н. Малинкин. С. Л. Франк о духовно-нравственных предпосылках марксизма ［J］. Вестник культурологии. 2024. № 1 (108)。

④ В. Ю. Даренский. Мировоззренческие основы поэтики А. С. Пушкина в анализе С. Франка ［J］. Серия История и филология. 2017. Т. 27 (6).

及其创造性世界进行了真正的研究，揭示了诗人的宗教世界观，认为诗人自身体现出了俄罗斯文化特征及其历史命运的"钥匙"，其诗学反映出来的核心观念和理念是人类学原理，也正是在这个意义上，弗兰克认为普希金是解决民族之间矛盾的典范。

如果我们对当代俄罗斯学者对弗兰克哲学思想的研究进行综合考察，那么我们就会发现，贯穿于弗兰克各个领域哲学思想核心的主旨是人道主义精神。

## 二、弗兰克人道主义哲学思想在当代俄罗斯的接受、认同与批判性分析

在当代俄罗斯学者中，从人道主义哲学视角研究弗兰克哲学遗产的主要文本有：聂芙列娃（И. М. Невлева）的《С. Л. 弗兰克哲学人类学中的神人性思想》①、西蒙尼克（О. А. Симоненк）的《С. Л. 弗兰克政治遗产中的基督教人道主义思想》②、А. М. 哈米杜林（А. М. Хамидулин）的《谢·路·弗兰克哲学中作为经验世界与绝对是在中间的人的观念》③ 等文章。哈米杜林在这篇文章中着力探讨了弗兰克的人类学思想，分析了哲学家对人类学基本结构的看法：从肉体到精神再到神人性的概念，这种人类学思想是存在的经验主义与灵魂之间的神秘联结的体现。

第一，弗兰克的人道主义哲学是一种对话哲学。阿里亚耶夫（Г. Е.

---

① И. М. Невлева. Идеи Богочеловечества философкой в антропологии С. Л. Франка［J］. Научные ведомости Серия Философия. Социология. Право. 2012. № 8.

② О. А. Симоненк. Христианский гуманизм в политическом наследии С. Л. Франка［J］. ВестникТОГУ 2007.

③ Артем Маратович Хамидулин. Представление о человеке как посреднике между эмпирическим миром и абсолюдныйреальность вфилософии С. Л. Франка. Источник Исторические, философские, политические и юридические науки, культурология и искусствоведение［J］. Вопросы теории и практики Тамбов: Грамота, 2017. № 7 (81).

Аляев）和蔡佳尼克夫（А. С. Цыганков）的《谢苗·柳德路维奇·弗兰克：生活与创作》一文指出，弗兰克的人道主义哲学思想是一种对话哲学，因为"我"（"я"）和"你"（"ты"）在对话中确认自我。在这种情况下，弗兰克区分出两种基本的关系：其一，这是"我""你"面前的存在，是作为一种异己的、神秘的、可怕的并且感受到自己是不可理解的现象，如同我与非我那样；其二，这是借助于"你"认识某种令人平静的、使人愉快的实在，即超越于自我之外的实在，与他自身相等同的实在。在这种现实性中与其说探讨的是两种不同类型的关系，即"我"和"你"之间的关系，不如说是"我"与"你"之间内在具有的一切具体关系的两个时刻。弗兰克将人的本质的现实性理解为灵魂与肉体存在的二元论。在这种情况下，个性属于人的灵魂领域，并且遵循着万物统一的观点，是整体的一部分，是万物统一的存在。弗兰克认为，这是第一性的存在，即人的"我"具有先验性。人的个性具有某种附属于更高级存在的特性，因此，绝对在其自身中包含着非常具体的、个体的形态。个性是世界的超地区性，个性存在，这是基督教道德自主的伟大特许状。在这个意义上，人的个性不属于这个世界，它超越现实的道德，因为个性的拯救比为了人的一切更重要。弗兰克的哲学人类学，因此具有了"万物统一的人格主义"的独特性。[①] 在《谢·路弗兰克："我"与"我们"（交往分析）》[②] 一文中，作者也是从对话视角分析弗兰克的哲学思想，只不过相对于上文而言，不是"我"与"你"之间的交往对话，而是"我"与"我们"之间的交往对话。总体来看，从对话视角分析弗兰克的人道主义哲学思想，赋予其哲学思想以浓厚的本体论基础，极大地深化了对弗兰克人道主义哲学思想的研究。

---

① Г. Е. Аляев, А. С. Цыганков. Вестник РУДН ［М］. Серия：философия. М.：Модест Колеров，2021.

② С. Л. Франк.《Я》и《мы》（К анализу общения）. История философии ［J］. Москва：ИФРАН，2011г. № 16.

第二，探讨弗兰克伦理学视域下的人道主义理论。格列别舍夫（И. В. Гребешев）的《谢·路·弗兰克伦理人格主义的形成与独特性》①，作者揭示了弗兰克观点的演变、道德路向及其基础。作者认为，索洛维耶夫的观点、尼采的思想、康德的义务伦理学和西方唯意志论思想都对弗兰克的道德观产生了重大影响；他还认为，弗兰克继承了尼古拉·库萨和黑格尔的辩证法思想。但是，在为自己的个人伦理学原则辩护时，弗兰克反对道德领域的任何"专制"，同时也反对黑格尔主义和康德道德必然性的外部压制，以及尼采"超人"精神的道德王国思想。

第三，弗兰克从历史哲学视角对革命和战争的深度文化反思。在当代俄罗斯学者看来，弗兰克作为一个具有高度社会责任感和历史使命感的哲学家，对俄罗斯社会以及第一次世界大战和第二次世界大战进行了历史哲学反思，或者可以说，是文化哲学反思将革命与战争上升到文化高度、人性的高度进行批判，其理论深度无疑能够震撼人的灵魂。

第四，对弗兰克人道主义哲学的多元思考。马林诺夫斯卡娅（С. В. Малиновская）在《当代文化语境中的谢·路·弗兰克观点中的人文主义与人文主义视角》一文中，基于俄罗斯人道主义文化研究与俄罗斯心理的特殊性探讨了弗兰克的思想，尤其集中在俄罗斯心理人文主义文化独特性的当代阐释。此文揭示了弗兰克建基于"存在""独特性""精神实在""信仰""人的灵魂""精神性"等概念基础上的思想。

聂芺列娃在《弗兰克神人性思想中的人道主义》一文中，以《实在与人》一书为依托，着重分析了弗兰克人道主义哲学思想体系中对神人性思想的集中阐释。在她看来，弗兰克的人道主义哲学思想建立在实在的本体论基础之上，是对人类存在形而上学或哲学人类学的一种思考，是对人类问题的哲学思考，而这种思考体现在人与上帝之间关系的不可分割性，尤其体现在上帝具有人性的思想中，其人道主义哲学思想的典

---

① И. В. Гребешев. Становление и особенность и этического персоализм С. Л. Франка［J］. Вестник РУДН. Серия：философия. 2017г. Т. 21. № 1. С. 64－71.

型特征就体现在对上帝的信仰与对人的信仰并存。在弗兰克人道主义哲学思想的理论来源上，聂芙列娃指出，弗兰克承认，他的"神的人性"的概念在其内容上接近于索洛维耶夫的宗教哲学直觉、柏拉图主义或新柏拉图主义的典型代表普罗提诺，以及尼古拉的"有学识的无知"思想。在弗兰克人道主义哲学思想的理论内涵上，聂芙列娃详细阐释了弗兰克神人性思想的理论内核，即着重强调了上帝的人性之维与人的神性之维，由此为以神人性为核心的人道主义哲学奠定了扎实的理论基础。与此同时，作者还从弗兰克的社会哲学视角，即聚合性概念出发探讨了弗兰克人道主义哲学的社会哲学根基，指明了人作为社会性的动物，具有本体论上的一致性和统一性，由此为化解人道主义危机提供了理论指引。

总体来看，苏联解体后，俄罗斯学者对弗兰克的哲学思想进行了全面的研究。如果从部门哲学的视角来看，社会哲学、宗教哲学、人道主义哲学、文化哲学等领域都有不同程度的研究，尤其关注了弗兰克与马克思主义之间的关系、与西方思想家思想之间的异同等问题，为我们把握弗兰克的哲学思想提供了多元视角。与此同时，当代俄罗斯学者也指出了弗兰克哲学思想中的问题与不足，基于在阐释弗兰克哲学思想的理论意义与时代价值中将给予集中阐释，这里不再赘述。

## 第二节　弗兰克人道主义哲学思想的理论意义

19 世纪末至 20 世纪初是俄国文化史上的白银时代，更是俄国哲学史上的"黄金时代"，正是在这个时期，俄国的宗教和哲学领域出现了"新宗教意识"和"宗教哲学复兴"[1]，也被称为"新精神哲学"。新宗教意识在思想家们的集体精神努力下，不但形成了最具民族特色的白银时代宗教哲学思想，而且将俄国哲学推上了世界哲学的舞台。新宗教意识思想家们在重审东西方文化价值的基础之上对俄罗斯文化、世界文化整体

---

[1]　徐凤林编译. 俄国哲学 [M]. 北京：商务印书馆，2013：499－500.

运思与构建、对世纪之交"俄罗斯向何处去"现实问题的长期而深入的思考、对个体以及人类前途命运的忧思与关切，使其哲学思想在世界哲学舞台上占有重要的一席。

## 一、弗兰克在西方人道主义思想史上的贡献

从西方人道主义思想史的角度来看，白银时代宗教哲学家们站在现代高度，对西方自启蒙运动以来形成的世俗人道主义进行批判反思，以东正教为理论资源构建出具有鲜明民族特色的人道主义哲学思想，因此，白银时代人道主义哲学思想在整个西方人道主义思想史中发挥了承上启下的作用。弗兰克接受了西方近现代哲学文化教育，经历了实证主义和虚无主义盛行的时代，自身有过信仰危机和宗教反叛，他是在向前、向深的过程中与上帝相遇并构建出其独特的人道主义哲学思想。可以说，弗兰克人道主义哲学站在现代高度对西方哲学，乃至西方文化的历史审查，它不仅构成白银时代人道主义哲学思想中最重要的一维，丰富了白银时代人道主义哲学的思想宝库，而且为反思现代人学思想提供了借鉴。

第一，弗兰克在西方人道主义思想史上的理论贡献。从历时性维度来看，西方人道主义思想源远流长，它肇始于古希腊罗马，经中世纪、近代绵延至当代。在长达数个世纪的思想发展过程中，其理论成果硕果累累，其理论形态丰富多样，大致先后经历了古希腊罗马人道主义、中世纪基督教人道主义、启蒙—理性人道主义和 20 世纪的多元人道主义等形态。

在西方人道主义思想史上，西方人道主义思想源远流长。但是，在常识性的认识中，西方人道主义肇始于文艺复兴。文艺复兴率先提出了以"人道"取代"神道"，恢复人的尊严、提倡人的自由、释放人的自然欲望，打破了中世纪以来禁欲主义、教条主义和保守主义等因素对人的全方位束缚。弗兰克抛弃了常识的思想偏见，他通过独立的研究得出了人道主义的故乡是古希腊罗马的结论。

在弗兰克看来，"人道主义的前提就是相信人实质上与上帝类似，没有这种观念，人道主义完全不可思议"①。正是从对人道主义精神内涵的这种理解出发，他发现在古代世界里，人在自我意识中意识到自己是如此的微不足道、软弱无力，因此只能无条件地服从和受役于无限超越他的存在力量——自然力抑或是自然力背后的神力。在这种观念意识的主导下，人意识到自己是一个圣灵，与物类似的圣物，他的全部存在都取决于创造它的力量，人与创造者之间的关系就如同"陶工"与"瓦罐"之间的关系。但是，在古希腊罗马人那里，这种人与神之间异类性意识发生了根本变化，一方面，人没有意识到或者没有清楚地意识到自己是动物，不晓得万能的神是创造者，而只意识到人和神之间的相似；另一方面，古希腊罗马人认为，神相对于人而言是万能的实体，神与人之间的关系是外在的、冷漠的，人依附于神并对神充满恐惧。弗兰克通过对古希腊罗马世界里人的自我意识的考察发现，虽然古希腊罗马人意识中虽然占统治地位的是人无能为力的痛苦意识，但这里的神明显地不同于《旧约》中的思想，其差别就在于神灵认为自己是受限的，而不是万能的，所以人神相似的思想在这里表达得最为清楚。

弗兰克发现，在古希腊罗马人的文学作品中，神和人竟然如此相似，往往不能把他们明确地区分开来；英雄和领袖人物大多是神的后裔，是半神。按照古希腊罗马观念，神和人一般来说具有共同的起源和共同的或非常相似的本性；他们之间的主要区别是死与不死征兆的不同；神是不死的人，人是必死的神；另外，还有神的安乐存在和人的痛苦生存的区别。在这里，人与神相似的基础是神与人相似。因此，弗兰克认为，"正是在古希腊罗马世界我们发现了，人既不是毫无价值的动物，也不是生命的专制主人，而是力量虽有限，但具有高级本体论纲目和崇高价值的动物，好似神的弟兄。……就此而论，古希腊罗马世界就是'人道主

① 弗兰克.上帝与人.20世纪西方宗教哲学文选（上）[M].刘小枫，译.上海：上海三联书店，1991：191.

义'的真正故乡，是最早认清并以高尚形式逐渐阐明人的尊严、人形象的美和意义的地方"①。

　　弗兰克的观点在一定程度上与海德格尔的观点如出一辙，不仅如此，菲利普·尼摩（Филип Немо）还指出："我们的结论是人文主义的发明源于古代罗马。没有私有财产的所有权和法律保护就没有人文主义。正是古罗马在法律方面取得的进步才最终使人类走出了部落制。西方把它与古希腊的公民责任感一起记载下来。东方不知道这个成果。"② 虽然对人道主义肇始于古希腊罗马世界的理论研究切入点不同，实质上，这几位思想家的观点都意指的是人道主义的真正诞生地是古希腊罗马。总之，弗兰克的观点还是有很多理论支持者，因此，其该观点在人道主义思想史上也是有理有据。毫不夸张地说，仅此一项理论贡献，足以让弗兰克名垂西方思想史与俄罗斯思想史。

　　西方人道主义思想历史悠久，古希腊罗马人道主义起源于古希腊的神话传说，历经苏格拉底、柏拉图、亚里士多德，再到晚期希腊的斯多噶派，这些思想阐明了人的尊严与人的意义。但随着希腊化进程的加速，以及社会环境和社会制度的局限，希腊人道主义面临解体，时代呼唤具有普世价值的人道主义思想。它以中世纪基督教为理论底色，被称为福音人道主义。中世纪的基督教人道主义思想将人与神联系在一起，信仰至善的上帝，以"爱上帝、爱邻人"为基本理论内涵。然而，中世纪宗教人道主义在实践中过度抬高神权，贬低人权，最终走向反人道主义。随之在文艺复兴时期出现了以推翻神权、复兴人权为核心的人道主义，它反对信仰，弘扬理性；反对神权，提倡人权。由于其突出的理性主义特征，被称为启蒙—理性人道主义，由于其反对神权，又被称为世俗的

---

　　① 弗兰克.上帝与人.20世纪西方宗教哲学文选（上）[M].刘小枫，译.上海：上海三联书店，1991：192.

　　② 菲利普·尼摩.什么是西方？[M].阎雪梅，译.南宁：广西师范大学出版社，2009：32.

人道主义。但是，启蒙—理性的人道主义很快又暴露出致命的内在矛盾，它过度抬高人，在把人当作神的同时，又把人看作自然界的产物。最终导致的结果是走向个人崇拜，或者是走向对物的崇拜，人道主义转向反人道主义。20世纪初期，西方人道主义思想呈现出多元化态势，主要包括实用主义的人道主义、存在主义的人道主义、马克思主义的人道主义、现代基督教的人道主义等等。

俄罗斯本是一个人道主义传统极为浓厚的国家，它的人道主义长期与东正教结合在一起，从思想传承上来说，它是一种基督教的福音人道主义。18世纪以后，西方的启蒙—理性主义的人道主义随着强劲的西方思潮一起涌入俄罗斯，两种人道主义思想不断碰撞、冲突，在19世纪末20世纪初嬗变出"新精神哲学"的人道主义，弗兰克就是其中代表之一。他的基督教人道主义思想，既是对俄罗斯本土基督教人道主义的传承与发展，又是对启蒙—理性人道主义的反省与检讨。因此，他的基督教人道主义不但扬弃了旧约中的人道主义思想，同时作为对启蒙理性人道主义反思的产物，不但否弃了将人神化的原理，也否弃了自然主义和对物质利益的崇拜。因此，白银时代基督教人道主义在西方近代和现代的人道主义思想史之间架起了一座牢固的桥梁。①

从人道主义思想发展的共时性来看，弗兰克人道主义哲学构成了世界上众多流派人道主义思想中重要而独特的一维。活跃在19世纪末20世纪初世界思想舞台上的人道主义流派主要有英美实用主义哲学家提出实用主义的人道主义、以雅斯贝尔斯和海德格尔为代表的存在主义人道主义、以马利坦为代表的新托马斯主义的人道主义、以卢卡奇为代表的西方马克思主义人道主义等。这些不同流派的思想家，面对人的危机的时代问题，纷纷从不同的思考维度出发进行理论建构和实践尝试，试图解决人类所面临的现代困境。正是思想家们的共同努力，造就了20世纪人道主义思想体系的万花筒，以弗兰克为代表的、以东正教为理论根基

---

① 雷永生.东西文化碰撞中的人 [M].北京：华夏出版社，.2007：5.

的基督教人道主义无疑是其中炫目的一朵。

弗兰克人道主义哲学思想的独特性之一就是从正面论证人的精神实在性，这在前文已然陈述，这里不再赘述。另外，弗兰克的以神人性理论为核心的基督教人道主义极其富有东正教特色，因为神人性理论是东正教的独特主题之一。抗击了西方和俄罗斯日益严重的世俗化倾向所带来的人的精神世界的分裂状态，弗兰克通过对东正教所蕴含的神人性理论的挖掘，构建出人道主义哲学理论体系。他强调人的本质既不是神性也不是人性，而是神人性，不但避免了神对人的奴役和人对神的抛弃，一方面，弥合了神与人之间的分裂，为人寻找到生存的精神之本；另一方面，使神圣世界和世俗世界达到和谐统一，避免了人的精神世界的分裂。总之，弗兰克试图在强大的世俗文明之流中，寻求和确立人的"安身立命"之本，因此他的人道主义哲学思想对于西方人道主义思想史而言意义深远。

## 二、弗兰克在俄罗斯人道主义思想史上的贡献

弗兰克的基督教人道主义就其理论诞生的社会背景、针对的时代主题、研究的问题域、精神指向上而言，不仅在西方人道主义思想史上，而且在俄罗斯人道主义思想史上也占有重要的一席之地。

弗兰克的基督教人道主义既合理地继承本民族的精神遗产，同时又充分地借鉴和吸收西方文化思想的精华，更为重要的是，他从东正教人道主义视角对西方人道主义思想进行审视、批判与超越，决定了其基督教人道主义思想具有深厚的学理意义。与此同时，弗兰克对人的命运的高度关注和对精神实在性的论证，虽然在那个时代具有理想性，甚至乌托邦性，但是在全球化的今天，当世界各国都以追求经济利益和物质财富极大丰富为发展宗旨时，观照人的精神世界才能使人性日益丰满、社会发展日益完善。

首先，俄罗斯是一个富有人道主义思想传统的国度。在俄罗斯人道

主义思想史上，人道主义发展具有两个比较突出的历史阶段：其一，19世纪文学作品中所表述的对"自由、平等、博爱"等的追求。虽然这种人道主义内容与文艺复兴和启蒙所宣扬的口号相同，但这种人道主义与西方启蒙—理性人道主义还是有一定程度的区别的，因为启蒙—理性人道主义以反对教会和神权为口号，而俄罗斯人道主义则没有脱离东正教的文化背景。这一阶段的主要代表是陀思妥耶夫斯基和托尔斯泰。其二，以弗兰克为代表的白银时代宗教哲学家们所阐释的"新精神哲学"人道主义，他们基本沿袭了陀思妥耶夫斯基和索洛维耶夫的基督教人道主义思想发展脉络，并在不同维度发展了人道主义哲学思想。下面我们将具体阐释弗兰克对托尔斯泰和陀思妥耶夫斯基的基督教人道主义的认同与超越。

从对生命意义的追问上来看，托尔斯泰的观点得到弗兰克的高度认同，他们都一致认为有信仰的生活，即参与到上帝之中才能使人获得安心立命之根。从人的本性上来看，托尔斯泰和弗兰克都认为人性具有二重性，但托尔斯泰认为人具有动物性和人性，必须不断反省和自我完善才能不断丰富人性，同时，由于人有爱，而爱是基督教的本质，因此爱是人的神性本源。弗兰克则直言人的本质是神人性，即人兼有神性与人性的二重性，并且弗兰克还从神人性本质出发探讨了神与人的关系、人身上的神性与人性的关系。从这个角度来看，弗兰克对托尔斯泰的基督教人道主义是一个超越。最后，从对恶的铲除上来看，托尔斯泰坚持人在道德上的自我完善以抗恶，提倡"勿以暴力抗恶"。弗兰克则认为，人可以采用暴力手段抗击世界上的恶，提倡"以暴制暴"，但是人心灵之恶则无法采用暴力手段来解决，只能通过"扬善而弃恶"。实质上，弗兰克经历过俄国数次革命风暴和世界大战的洗礼，使他深深认识到，暴力虽然不能从根本上解决恶，虽然暴力也带来了恶，但是能够在一定意义上解决恶的存在问题。如果我们客观审视的话，则不能不承认相对于托尔斯泰而言弗兰克的观点更全面、深刻，也更具有现实意义。

在弗兰克看来，陀思妥耶夫斯基在基督教人道主义思想史上的贡献之一在于，他切中西方人道主义危机的病灶，发现西方人道主义最终走向了反人道主义，导致"人神"和"超人"的问世，他开出的有效药方是通过宗教引导"人神"走向"神人"，即走向基督。弗兰克继承了陀思妥耶夫斯基所开创的基督教人道主义思想，并对人的神人性本质展开深入论述，他还详细阐释了人的神性与人性的关系、神与人的关系，从神人性角度出发对西方人道主义思想史进行批判性分析。

由以上论述可以发现，弗兰克基督教人道主义思想，不但从某种程度上继承了托尔斯泰和陀思妥耶夫斯基的人道主义思想，而且还在某个角度上推动了俄罗斯基督教人道主义思想的发展。

其次，弗兰克基督教人道主义对白银时代宗教哲学的理论贡献。前文已然阐述过，白银时代俄国哲学的突出特征就是人道主义精神。俄国宗教哲学所蕴含的人道主义精神最主要的表现之一就是从正面论证人的精神实在性，在这方面做出突出贡献的就是弗兰克。一方面，他强调了人的精神世界的实在性和独特性。关于人的精神世界的实在性问题在前文已有论述。这种人的内在精神的实在性并不亚于物理世界的现象，灵魂之恶比暴风雨和地震更加可怕。另一方面，人的这个精神世界和物质世界不同，它对不同的人来说是不同的，而且是个性化的，与人的内在体验直接相关。这个精神世界对于人而言更重要、更有意义。因为人可以在一定程度上回避或者无视现实，但是他无论如何也无法逃避自己的内在现实和自我的实在。人更需要的是自己的内在精神世界，而不是外在的物质世界，因为一切外部的客观存在对人来说，只因其与自己精神存在的关系才有意义。最后，人的精神性之所以是一种实在，正是因为人性中内在地包含着神性。神人性是人最根本的本质，这种本质意味着人的东西与神的东西是具有不可分割的内在联系，但又不是完全等同的。人的灵魂深处固有神的本原，但它并不轻易向人显现，只有通过痛苦的内在修行才能找到这一本原。只有找到这一本原并生活于其中的人，才能成为完满的人、完全幸福的人。有意义的生命就是走向这一本原的过程，这也就是人走出危机进行自我拯救的过程。弗兰克对人的精神实在性的论证，实质上提供了透过人的内在生命来研究外部现实，以"从深处""从内向外"的眼光看待世界。在他看来，人的外部生命存在形式和社会组织形式的本体论基础正是人的心灵，因而人们只有摆脱内在奴役，才能摆脱外在压迫。

## 第三节　弗兰克人道主义哲学思想的时代价值

任何一种思想，如果自身具有理论意义和现实价值话，总是会穿越时空，直接对当下社会现实发挥辐射和指引作用，这就是思想体系的魅力，更是思想者前行的不竭精神动力。弗兰克人道主义哲学思想并没有伴随着作者的离去而销声匿迹，相反，其人道主义哲学思想在当下的俄罗斯仍然没有丧失其存在的价值，并在俄罗斯社会现实中发挥作用。具体而言，弗兰克基督教人道主义思想的当代价值主要体现在以下两个方面：

### 一、弗兰克抗击虚无主义理论的当代价值

抗击虚无主义，追问生命的意义是弗兰克基督教人道主义诞生的理论前提。弗兰克发现了道德虚无主义产生的严重后果并对其进行了精准狙击，通过揭示虚无主义的道德和宗教哲学基础，肯定宗教价值的绝对性以及人与上帝相遇的必要性和可能性，看到虚无的必然性并不难，难的是在虚无的必然性的抗争中与上帝相遇，进而信赖被钉死在十字架上的与一切自然理性和道德本体论相违的救赎的真理。弗兰克以此来校正虚无主义的错误和片面性，这可以说是俄罗斯思想家们对世界文化的一大贡献。然而，弗兰克所开出的拯救人的危机的理论药方既没有被当时的资产阶级政府认同，也没有被苏联政府采纳，而且弗兰克的肉体和思想都遭到了彻底清算。但是，有价值的思想总是会超越时空的限制。

苏联解体后，原有意识形态丧失其官方地位并立即被扣上了"霸权

哲学""人性地狱""专制政权辩护士"等称谓,对待苏联哲学的这种态度很快又进一步升级为"空前地反列宁主义,反社会主义,全面否定与列宁、苏联相关的历史的思潮"①。一时之间,虚无主义思潮沉渣泛起,不但严重影响国家政治稳定,更造成民众思想意识混乱与精神空虚,使俄罗斯危机状况进一步加深。在这种历史情况下,普京(Путин)"强调要对20世纪90年代以来的历史虚无主义思潮、媚外思想以及由此导致的思想混乱进行清算,改变把苏联看作'一抹黑'的错误认识"②。因此,一方面,普京直接打击虚无主义思潮,如"下令取消诋毁苏联历史的教科书、重新出版《联共(布)党史教程》、出版新版历史教科书"等,同时号召俄罗斯民众抛弃激进主义思潮,冷静地"以辩证态度对待苏联精神遗产问题";另一方面,普京通过复兴东正教和重塑"新俄罗斯思想"来对抗虚无主义。普京的种种做法不但赢得了广大俄罗斯民众的尊重和支持,而且抗击了社会上广泛流行的虚无主义,起到了稳定社会和整合思想的作用。

普京提出复兴东正教抗击虚无主义,通过人重回上帝怀抱寻找缓解或解除人的精神危机的途径,就是通过重建人与上帝的联系为人寻找"安心立命"之根本这一点来看的。此外,普京为打击虚无主义,提出重塑"新俄罗斯思想"。目前,俄罗斯学术界也无法对"新俄罗斯思想"的内涵给予明确而严格的界定,但其中必须包含两点必要的精神要素③:其一,最主要的是关注人的生存和命运,特别要有自觉批判现实、启蒙大众的功能;其二,可以借鉴和利用白银时代宗教哲学思想的有效资源,但不能完全等同。由此看来,弗兰克的基督教人道主义与普京构建的"新俄罗斯思想"在思想层面存在着高度契合,为其思想赢得发挥效用的

---

①　郑亿石.从情感发泄到理性反思:苏联解体后的俄罗斯哲学 [J].俄罗斯研究,2004(3):48-55.

②　何萍.俄罗斯意识形态领域的新变化 [J].学术月刊,2010(1):.

③　陈树林.俄罗斯的选择与俄罗斯哲学使命——世纪之交俄罗斯哲学发展趋势 [J].社会科学辑刊,2006(1):17-22.

历史舞台。波尔托拉茨基曾经说："当今时代的各种问题几乎毫无例外都是俄罗斯宗教哲学曾经关注过并仍在关注的问题。这意味着正视在俄罗斯宗教哲学中我们可以找到对困扰当代人的许多问题的解答。"①

## 二、弗兰克基督教人道主义理论与俄罗斯现代化之路

早在苏联解体前期，俄国传统哲学，即以人道主义为核心的宗教唯心主义哲学就开始"以暗流"方式涌现。苏联解体后，俄罗斯社会步入转型期，"俄罗斯向何处去"的问题再次成为俄罗斯社会必须面临和解决的现实问题。正是在这样的历史语境下，新精神哲学家们的思想强势回归并大有取代原有官方意识形态地位之势。毫无疑问，苏联解体摧毁了原有的官方哲学和"精神偶像"，为填补意识形态的空白并摆脱社会转型带来的精神危机，俄国民众把目光齐聚在一直被苏联哲学打压、清洗出国内的俄国传统哲学上，他们视俄罗斯传统哲学为拯救俄罗斯精神危机、民族危机甚至是"人类希望的救世主"。学术界和民众表现出对俄国传统哲学"无尽的爱"。然而，我们必须冷静而客观地审视，以弗兰克为代表的基督教人道主义在当下俄罗斯现代化进程中将发挥什么样的历史作用？

毋庸置疑，"宗教人类中心论是对社会生活的技术化、道德沦丧和工业文明带来的多种弊端做出的独特而明智的回应。实际上，工业文明和技术文明破坏了人性，只有通过崇高的精神，才能消除这种危险性。这是'白银时代'和宗教复兴时期的俄罗斯宗教人类学的基本思想"②。然而，不可否认的是，俄罗斯当下最重要的任务是发展经济，加速俄国现代化的征程。我们知道，现代化的理论内核是启蒙运动嬗变而来的理性主义和人本主义。宗教唯心主义哲学家大多秉承陀思妥耶夫斯基和索洛

---

① 安启念.俄罗斯宗教哲学述介 [J].哲学动态，1995 (12)：39－42.

② T.C.格奥尔基耶娃.文化与信仰 [M].焦东健，董茉莉，译.北京：华夏出版社，2012：308.

维耶夫所开创的批判西方理性主义和拒斥西方理性主义的人道主义传统，这意味着俄国宗教哲学思想具有明显的后现代性。因而，对当下急于快速发展现代化的俄罗斯来说，难免显得曲高和寡，欠缺实用性。诚如当代俄罗斯科学院院士斯米尔诺夫所言，尽管从表面来看，苏联解体后的俄罗斯似乎又回到了苏联成立前的历史状态，但是当下的俄罗斯已经是经历了 70 年无神论思想洗礼的俄罗斯，很难再直接借用白银时代哲学家们的宗教哲学思想解决当下俄罗斯社会面临的种种问题，但不能否认的是，民族传统哲学对解决当下问题具有一定的思想启迪。

复兴宗教文化，追求精神，给人寻找安身立命之本固然是其突出优点，但是如果没有强大的经济做后盾，难免具有乌托邦色彩。鄙视物质享受，注重精神生活，用爱的原则取替竞争，建立和谐友爱的集体，确实是人类美好的愿望，但问题在于它和俄罗斯转向市场经济发展生产力提高人民物质生活水平的需要，和激烈的国际竞争的现实，格格不入。再者，当我们沉迷于现代化和全球化背景下经济高速发展的同时，不能忽视或否认工业文明带给人的精神危机，俄国哲学家以其特有的基督教伦理观道出了人类寻找精神家园的时代福音，弗兰克人道主义哲学对人的精神实在性的论证，对人的命运和前途等问题的现实观照具有永恒的理论意义，不仅为人安心立命之本奠定理论依据，而且将为未来俄罗斯文化重建提供理论滋养。

正是鉴于此，以基督教人道主义为核心的俄国宗教哲学思想在当下俄罗斯学术界遭遇到不同的待遇。库瓦金（Валерий Александрович Кувакин）在《宗教哲学在俄罗斯（20 世纪初）》的著作中指出，"如果认为 20 世纪的俄罗斯宗教哲学哪怕在某种程度上具有进步的和建设性的意义，那都是错误的。在阶级性方面，在哲学中的党派斗争方面，这个流派完全是反动的，至今仍被我们的思想敌人用来和共产主义作斗争"①。盖坚科（Гайтенко）在谈到阅读别尔嘉耶夫著作时所作的提醒，对俄国宗教

---

① 贾泽林.二十世纪九十年代的俄罗斯哲学［M］.北京：商务印书馆，2008：217.

哲学的现代读者应当具有普遍意义。她写道:"应当以清醒和现实的态度来阅读,不要受其中的乌托邦主义、最高纲领主义、极端主义和人的神化的诱惑,不要忘记人毕竟是有限存在物。无论世界的存在还是人自身的存在,都是被给予人的,而不是人自己创造的。否定和消灭存在本身的道路,使我们面临原子灾难和生态灾难之危险的道路,——这条道路在今天是应当抛弃的。"①

俄罗斯当代著名宗教哲学研究专家霍鲁日的评价相对更为客观和中肯,他认为:"霍米亚科夫、索洛维耶夫、别尔嘉耶夫和弗洛连斯基等人的主要著作,已成为俄罗斯思想的经典和俄罗斯基本观念的最有价值的部分,如果连这些著作都读不到,那就难免对俄罗斯哲学产生无知,甚至对俄罗斯哲学乃至整个俄罗斯文化产生偏见。"② 但他同时也认为,当前社会意识对俄罗斯宗教思想家特别关注,主要是因为人们"抱有这样的希望:希望俄罗斯宗教哲学思想至今仍然保持自己的力量和有效性,能够有助于解决今天的道德和社会问题,有助于理解当前现状和寻求未来之路。总的来说,有一则俄罗斯民间传说中所讲的被肢解又被复活的勇士形象,在此非常适用,可以说:今天人们希望从俄罗斯思想中得到'神水'(它能使尸体的四肢复原)和'活水'(它能使尸体恢复运动能力并赋予它以新的生命力)"③。可以说,俄国宗教哲学已成为拯救"俄罗斯传统文明""俄罗斯社会""俄罗斯知识分子",甚至"下一世纪""人类的希望"的救主。④ 但这是不现实的,毕竟时代在不断变化,历史在不断向前发展。霍鲁日的观点与利哈乔夫(Лихачев)的观点不谋而合,即"把民族思想作为一剂医治百病的灵丹妙药,不仅仅愚蠢,而且还很危险"⑤。

---

① Н. О. 洛斯基. 俄国哲学史 [M]. 贾泽林, 等译. 杭州: 浙江人民出版社, 1999: 8.

② 贾泽林. 二十世纪九十年代的俄罗斯哲学 [M]. 北京: 商务印书馆, 2008: 218.

③ 贾泽林. 二十世纪九十年代的俄罗斯哲学 [M]. 北京: 商务印书馆, 2008: 218.

④ 韩烨. 当代俄罗斯青年如何看待自己和社会 [J]. 中国青年研究, 2001 (2):.

⑤ В. М. Межуев. О национальной идее [J]. Вопросы философии. 1997: №12.

# 参考文献

## 一、俄文文献及论文

［1］С. Франк. Свет во тьме Опыт христианской этики и социальной философии ［М］. Минск：Издательство Белорусского Экзархата，2011.

［2］Н. А. Бердяев，С. Н. Булгаков，М. О. Гершензон，А. С. Изгоев，Б. А. Кистяковский，П. Б. Струве，С. Л. Франк. Вехи：сборник статей о русской интеллигенции ［М］. Франкфурт－на－Майне：Посев，1967.

［3］С. Л. Франк. Биография П. Б. Струве ［М］. Нью－Йорк：во имени Чехова，1956.

［4］Ф. Буббайср. С. Л. Франк：Жизнь и творчество русского философа：1877—1950 ［М］. М.：РОССПЭН，2001.

［5］И. М. Невлева. Философия культуры С. Л. Франка ［М］. СПб.：Алетейя，2007.

［6］С. Л. Франк. Русское мировоззрение［М］. СПб.：Наука，1996.

［7］С. Л. Франк. Душа человека. Опыт введения в философскую психологию ［М］. М.：Г. А. Леман и С. М. Сахаров. 1917.

［8］С. Л. Франк. Предмет знания ［М］. Пг.：Тип. Р. Г. Шредера，1915.

［9］С. Л. Франк. Христианство на безбожном фронте Личная жизнь и социальное строительство ［М］. Париж: YMCA-Press. 1933.

［10］С. Л. Франк. По ту сторону правого и левого: сборник статей ［М］. Париж: YMCA-press, сор. 1972.

［11］С. Л. Франк. Живое знание. Берлин: Обелиск, 1923.

［12］Под ред. В. С. Франка. По ту сторону правого и левого. Париж: YMCA-press, 1972.

［13］А. А. Гапоненков, Ю. П. Сенокосов. Семён Людвигович Франк - Непрочитанное... - Статьи, письма, воспоминания. М: Московская школа политических исследований, 2001.

［14］С. Л. Франк. Духовные основы общества. ［М］ М.: Республика, 1992.

［15］И. М. Борзенко, В. А. Кувакин, А. А. Кудишина. Основы современного гуманизма. ［М］. М.: Российское гуманистическое общество. 2002.

［16］К. Вальверде. философская антропология ［М］. М.: Христианская Россия, 2000.

［17］С. Л. Франк. Новокантианская философия мифологии ［J］. "Путь" №4.

［18］С. Л. Франк. Религия и Наука в современном сознании * ［J］. "Путь". №4.

［19］С. Л. Франк. Психоанализ как миросозерцание ［J］. "Путь". №25.

［20］С. Л. Франк. Философия Гегеля (к столетию со дня смерти Гегеля) ［J］. "Путь" №34.

［21］С. Л. Франк. Проблема "христианского социализма" ［J］. "Путь" №60.

［22］С. Л. Франк. Макс Шеллер ［J］. "Путь" № 13.

［23］ С. Л. Франк. Церковь и мир, благодать и закон ［J］. "Путь". №8.

［24］ С. Л. Франк. Онтологическое доказательство бытия Бога ［M］. Москва; Директ-Медиа, 2017.

［25］ С. Л. Франк. ДРевние сказания о судьбе человека ［J］. Путь, No: 9.

［26］ С. Л. Франк. Философия и жизнь （Международный съезд в праге） ［J］. Путь, No: 45.

［27］ С. Л. Франк. Достоевский и Кризис гуманизма: К 50-летию дня смерти Достоевского ［J］. Путь, No: 27.

［28］ С. Л. Франк. Гегеля （к столетию со дня смерти Гегеля） ［J］. Путь, No: 34.

［29］ К. М. Мацан. Честертоновские мотивы в творчестве С. Л. Франка. Вопросы философии. 2022. № 1.

［30］ В. В. Зеньковский. Основы христианской философии ［M］. М: Институт русской цивилизации, 2010.

［31］ Православная мысль. Труды православнаго богословскаго института в париже （I -XI） ［M］. Париж: YMCA-PRESS, 1955.

［32］ Н. О. Лосский. Типы миловоззрений. ［M］. Париж: YMCA-PRESS, 1931.

［33］ В. Зеньковский. История русской философии ［M］. М.: Академический Проект, Раритет, 2001.

［34］ В. В. Прозоров. С. Л. Франк. Саратовский текст. Саратов: Саратовскийуниверситет, 2006.

［35］ Н. О. Лосский. Достоевскийи христианское миропонимание ［M］. Нью ?? Йорк: Во имениЧехова, 1953.

［36］ И. В. Киреевский. Полное собрание сочнениий И. В. Киреевскаго （в двух томах） ［M］. М: Путь, 1911.

［37］ Кн. Евгений трубецкой. Смысл жизни ［М］. Берлин：Слово，1922.

［38］ В. М. Межуев. О национальной идее ［J］. Вопросы философии. 1997. № 12.

［39］ Под ред. И. Т. Фролов. Философский словарь ［М］. М：Республика，2001.

［40］ Н. О. Лосский. Условия абсолютного добра ［М］. М：политической литературы. 1991.

［41］ А. Н. Малинкин. С. Л. Франк о духовно－нравственных предпосылках марксизма и подлинных истоках русской революции . Вестник культурологии. 2024. № 1.

［42］ Т. Н. Резвых，А. С. Цыганков. С. Л. Франк и Русский научный институт в Берлине. История философии. 2022. № 2.

［43］ В. С. Стёпин. Новая философская энциклопедия：в4т ［М］. М. ：Мысль，2010.

［44］ С. А. Левицкий. Очерки по истории русской философиии ［М］. М：Астрель，2008.

［45］ В. В. Сербиненко. Соловьев ［М］. М. ：《НИМП》. 2000.

［46］ М. А. Маслини. стория русской философии ［М］. М. ：Республика，2001.

［47］ Л. В. Новикова，И. Н. Сидемская. Русская философия истории ［М］. М：АспектПресс. 1999.

［48］ В. А. Куприянов Трансформация философии длительности А. Бергсона в идеал－реализме С. Л. Франка ［J］. История философии. 2016. № 1.

［49］ Гиви Гивишвили. феномен гуманизма［М］. М：ЛЕНАНД,. 2001.

［50］ С. С. Хоружий. Опыты из русской духовной традиции ［М］. М. ：Институт св. Фомы，2005.

## 二、中文著作

［1］谢·弗兰克.实在与人［M］.李昭时，译.杭州：浙江人民出版社，2000.

［2］谢·弗兰克.社会的精神基础［M］.王永，译.北京：生活·读书·新知三联书店，2003.

［3］谢·弗兰克.俄国知识人与精神偶像［M］.徐凤林，译.上海：学林出版社，1999.

［4］谢·弗兰克.人与世界的割裂［M］.方珊，方达琳，王利刚，译.济南：山东友谊出版社，2005.

［5］尼·洛斯基.俄国哲学史［M］.贾泽林，等译.杭州：浙江人民出版社，2000.

［6］格·弗洛罗夫斯基.俄罗斯宗教哲学之路［M］.吴安迪，徐凤林，隋淑芬，译.上海：上海人民出版社，2006.

［7］赫克.俄国革命前后的宗教［M］.高骅，杨缤，译.北京：学林出版社，1999.

［8］罗赞诺夫.陀思妥耶夫斯基的"大法官"［M］.张百春，译.北京：华夏出版社，2002.

［9］鲍·尼·米罗诺夫.俄国社会史（上、下）［M］.济南：山东大学出版社，2006.

［10］Т.С.格奥尔吉耶娃.文化与信仰：俄罗斯文化与东正教［M］.焦东建，董茉莉，译.北京：华夏出版社，2012.

［11］瓦·津科夫斯基.俄国哲学史（上、下）［M］.张冰，译.北京：人民出版社，2013.

［12］尼·梁赞诺夫斯基.俄罗斯史［M］.杨烨、卿文辉，译.上海：上海人民出版社，2007.

［13］安德烈·纪德.关于陀思妥耶夫斯基的六次讲座［M］.余中先，

译.桂林：广西师范大学出版社，2006.

[14] 陀思妥耶夫斯基.卡拉马佐夫兄弟（上、下）[M].徐振亚，冯增义，译.杭州：浙江文艺出版社，2000.

[15] 梅列日科夫斯基.托尔斯泰与陀思妥耶夫斯基 [M].杨德友，译.北京：华夏出版社，2009.

[16] 索洛维耶夫.西方哲学的危机 [M].李树柏，译.杭州：浙江人民出版，2000.

[17] 索洛维耶夫.俄罗斯与欧洲 [M].徐凤林，译.石家庄：河北教育出版社，2002.

[18] 索洛维耶夫.神权政治的历史与未来 [M].钱一鹏，等译.北京：华夏出版社，2001.

[19] 弗·谢·索洛维耶夫.精神领袖：俄罗斯思想家论陀思妥耶夫斯基 [M].徐振亚，娄自良，译.上海：上海译文出版社，2009.

[20] 索洛维耶夫.爱拯救个性 [M].方珊，等译.济南：山东友谊出版社，2005.

[21] 尼·别尔嘉耶夫.精神王国与凯撒王国 [M].安启念，周靖波，译.杭州：浙江人民出版社，2000.

[22] 尼·别尔嘉耶夫.历史的意义 [M].张雅平，译.北京：学林出版社，2002.

[23] 尼·别尔嘉耶夫.精神与实在 [M].张源，等译.北京：中国城市出版社，2002.

[24] 尼·别尔嘉耶夫等.哲学船事件 [M].伍宇星，编译.广州：花城出版社，2009.

[25] 尼·别尔嘉耶夫.文化的哲学 [M].于培才，译.上海：上海人民出版社，2007.

[26] 尼·别尔嘉耶夫.论人的使命：神与人的生存辩证法 [M].张百春，译.上海：上海人民出版社，2007.

[27] 尼·别尔嘉耶夫.俄罗斯思想的宗教阐释 [M].邱云华，吴学

金，译.上海：东方出版社，1998.

[28] 尼·别尔嘉耶夫.尼·别尔嘉耶夫集［M］.王剑钊，译.上海：远东出版社，2004.

[29] 尼·别尔嘉耶夫.自由的哲学［M］.董友，译.桂林：广西师范大学出版社，2001.

[30] 尼·别尔嘉耶夫.自我认识：思想自传［M］.雷永生，译.桂林：广西师范大学出版社，2002.

[31] 尼·别尔嘉耶夫.俄罗斯灵魂［M］.陆肇明，东方珏，译.上海：学林出版社，1999.

[32] 尼·别尔嘉耶夫.俄罗斯的命运［M］.王剑钊，译.昆明：云南人民出版社，1999.

[33] 尼·别尔嘉耶夫.末世论形而上学［M］.，张百春，译.北京：中国城市出版社，2003.

[34] 尼·别尔嘉耶夫.美是自由的呼吸［M］.方珊，译.济南：山东友谊出版社，2005.

[35] B.E.叶夫格拉弗夫.苏联哲学史［M］.贾泽林，刘仲亨，李昭时，译.北京：商务印书馆，1998.

[36] 莱茵哈德·劳特.陀思妥耶夫斯基哲学［M］.沈真，等译.北京：东方出版社，1996.

[37] 基斯嘉科夫斯基，等.路标集［M］彭甄，曾予平，译.昆明：云南人民出版社，1999.

[38] 马尔科姆·琼斯.巴赫金之后的陀思妥耶夫斯基［M］.赵亚莉，陈红薇，魏玉杰，译.长春：吉林人民出版社，2004.

[39] 列夫·舍斯托夫.旷野呼告［M］.方珊，李琴，译.北京：华夏出版社，1999.

[40] 列夫·舍斯托夫.无根据颂［M］.张冰，译.北京：华夏出版社，1999.

[41] 舍斯托夫.深渊里的求告［M］.方珊，方达琳，王利刚，译.济

南：山东友谊出版社，2005.

［42］舍斯托夫.雅典与耶路撒冷［M］.张冰，译.昆明：云南人民出版社，1999.

［43］舍斯托夫集：悲剧哲学家的狂野呼告［M］.方珊，译.上海：上海远东出版社，2004.

［44］C.H.布尔加科夫.东正教史——教会学说概要［M］.徐凤林，译.北京：商务印书馆，2001.

［45］谢·布尔加科夫.亘古不灭之光［M］.王志耕，李春青，译.昆明：云南人民出版社，1999.

［46］德·谢·利哈乔夫.解读俄罗斯［M］.吴晓都，等译.北京：北京大学出版社，2003.

［47］以赛亚·柏林.苏联的心灵［M］.潘志强，译.南京：译林出版社，2010.

［48］以赛亚·柏林.俄国思想家［M］.彭淮冻，译.南京：译林出版社，2003.

［49］梅列日科夫斯基.重病的俄罗斯［M］.李莉，杜文娟，译.昆明：云南人民出版社，1999.

［50］梅列日科夫斯基.托尔斯泰与陀思妥耶夫斯基（上、下）［M］.杨德友，译.北京：华夏出版社，2009.

［51］梅列日科夫斯基.宗教精神：路德与加尔文［M］.杨德友，译.上海：学林出版社，1999.

［52］俄国文化史纲（从远古至1917年）［M］.张开，等译.北京：商务印书馆。1994.

［53］戈·瓦·普列汉诺夫.俄国社会思想史（第1、2、3卷）［M］.孙精工，译.北京：商务印书馆，1999.

［54］柯拉柯夫斯基.宗教：如果没有上帝［M］.杨德友，译.北京：生活·读书·新知三联书店，1997.

［55］波诺马廖娃.陀思妥耶夫斯基：我探索人生奥秘［M］.张变革，

征钧，冯华英，译.北京：商务印书馆，2011.

［56］赫尔岑.往事与随想（上、中、下）［M］.项星耀，译.北京：人民文学出版社，1993.

［57］沃尔特·G.莫斯.俄国史（1855—1996）［M］.张冰，译.海口：海南出版社，2008.

［58］叶琳娜·米哈伊洛夫那·斯科瓦尔佐娃［M］.王亚民，张淑明，黄宏伟，译.兰州：敦煌文艺出版社，2003.

［59］盖纳吉·弗拉基米罗维奇·德拉奇.世界文化百题［M］.王亚民，赵秋长，刘久胜，译.兰州：敦煌文艺出版社，2004.

［60］安娜·尼古拉耶夫娜·马尔科娃.文化学［M］.王亚民，宋祖敏，孙静萱，译.兰州：敦煌文艺出版社，2003.

［61］巴枯宁.上帝与国家［M］.朴英，译.上海：华东师范大学出版社，2005.

［62］恰达耶夫.箴言集［M］.刘文飞，译.昆明：云南人民出版社，1999.

［63］洛扎诺夫.灵魂的手书［M］.方珊，何卉，王利刚，译.济南：山东友谊出版社，2005.

［64］安启念.苏联哲学70年［M］.重庆：重庆出版社，1990.

［65］陈树林.危机与拯救：蒂利希文化神学导论［M］.北京：人民出版社，2004.

［66］陈树林.俄罗斯命运的哲学反思——索洛维耶夫历史哲学及其当代价值研究［M］.哈尔滨：黑龙江大学出版社，2010.

［67］陈树林.文化哲学的当代视野［M］.北京：人民出版社，2010.

［68］安启念.东方国家的社会跳跃与文化滞后——俄罗斯文化与列宁主义问题［M］.北京：中国人民大学出版社，1994.

［69］安启念.俄罗斯哲学向何处去［M］.北京：中国人民大学出版社，2003.

［70］安启念.新编马克思主义哲学史［M］.北京：中国人民大学出

版社，2004.

[71] 徐凤林.索洛维耶夫哲学 [M].北京：商务印书馆，2007.

[72] 徐凤林.俄罗斯宗教哲学 [M].北京：北京大学出版社，2006.

[73] 徐凤林.复活事业的哲学 [M].哈尔滨：黑龙江大学出版社，2010.

[74] 乐峰.俄国宗教史（上、下）[M].北京：社会科学文献出版社，2008.

[75] 乐峰.东正教史 [M].北京：社会科学出版社，1996.

[76] 张百春.当代东正教神学思想 [M].上海：上海三联书店，2000.

[77] 张百春.风随着意思吹：别尔嘉耶夫宗教哲学思想研究 [M].哈尔滨：黑龙江大学出版社，2011.

[78] 雷永生.东西文化碰撞中的人——东正教与俄罗斯人道主义 [M].北京：华夏出版社，2007.

[79] 贾泽林.二十世纪九十年代的俄罗斯哲学 [M].北京：商务印书馆，2008.

[80] 何怀宏.道德、上帝与人：陀思妥耶夫斯基的问题 [M].北京：北京大学出版社，2010.

[81] 伍宇星.欧亚主义历史哲学研究 [M].广州：学苑出版社，2011.

[82] 文池.在北大听讲座：俄罗斯文化之旅 [M].北京：新世界出版社，2002.

[83] 任光宣.俄罗斯文化十五讲 [M].北京：北京大学出版社，2007.

[84] 林精华.西方视野中的白银时代 [M].北京：东方出版社，2001.

[85] 郭小丽.俄罗斯的弥赛亚意识 [M].北京：人民出版社，2009.

[86] 白晓红.俄国斯拉夫主义 [M].北京：商务印书馆，2006.

［87］张　杰.走向真理的探索［M］.北京：北京大学出版社，2012.

［88］汪介之.远逝的光华［M］.南京：译林出版社，2003.

［89］陈建华.等.走过风雨：转型中的俄罗斯文化［M］.重庆：重庆出版社，2007.

［90］张建华.俄国知识分子思想史导论［M］.北京：商务印书馆，2008.

［91］姚海.俄罗斯文化史［M］.上海：上海社会科学院出版社，2005.

［92］金雁.倒转"红轮"：俄国知识分子的心路回溯［M］.北京：北京大学出版社，2012.

［93］姚海，刘长江.当代俄国：强者的自我否定与超越［M］.贵阳：贵州人民出版社，2001.

［94］首都师范大学文学院编.俄罗斯文化评论（第1辑）［M］.北京：人民文学出版社，2006.

［95］朱达秋，周力.俄罗斯文化论［M］.重庆：重庆出版社，2004.

［96］刘文飞.伊阿诺斯，或双头鹰：俄国文学和文化中斯拉夫派和西方派的思想对峙［M］.北京：中国社会科学出版社，2006.

［97］马克思恩格斯选集（第1、2、3、4卷）［M］.北京：人民出版社，1995.

［98］马克思恩格斯全集（第3卷）［M］.北京：人民出版社，1995.

［99］胡斯都·L.冈察雷斯.基督教思想史（第1.2.3卷）［M］.陈泽民，等译.上海：译林出版社，2008.

［100］庞世伟.论"完整的人"：马克思人学生成论研究［M］.北京：中央编译出版社，2009.

［101］罗素.西方哲学史（上下）［M］.北京：商务印书馆，1976.

［102］莱茵哈德·劳特.陀思妥耶夫斯基哲学［M］，沈真，等译，上海：东方出版社，1996.

［103］洪谦.现代西方哲学论著选辑（上、下）［M］.北京：商务印

书馆，1993.

[104] 卡西尔.人论 [M].甘阳，译.上海：上海译文出版社，1985.

[105] 马利坦.人和国家 [M].北京：商务印书馆，2011.

[106] 保罗·库尔茨.保卫世俗人道主义 [M].余玲玲，等译.北京：东方出版社，1996.

[107] 保罗·库尔茨.21世纪的人道主义 [M].肖峰，等译.北京：东方出版社，1998.

[108] 阿伦·布洛克.西方人文主义传统 [M].董乐山，译.北京：生活·读书·新知三联书店，1997.

[109] 大卫·戈伊科奇.人道主义问题 [M].杜丽燕，等译.北京：东方出版社，1997.

[110] 弗洛姆.人的希望 [M].都本伟，赵桂琴，译.沈阳：辽宁大学出版社，1994.

[111] 凯蒂·索珀.人道主义与反人道主义 [M].廖申白，杨清荣，译.北京：华夏出版社，1999.

[112] 拉美特.作为哲学的人道主义 [M].吉洪，吴永泉，译.北京：商务印书馆，1963.

[113] 三联书店编辑部，美国人文杂志社编.人文主义：全盘反思 [M].多人，译.北京：生活·读书·新知三联书店，2006.

[114] 赫伯特·马尔库塞.单向度的人 [M].刘继，译.上海：上海译文出版社，2008.

[115] W.考夫曼.存在主义 [M].陈鼓应，孟祥森，刘琦，译.北京：商务印书馆，1987.

[116] 弗洛姆.人的呼唤 [M].毛则应，刘莉，雷希，译.上海：上海三联书店，1991.

[117] 科利斯·拉蒙特.人道主义哲学 [M].贾高建，张海涛，董云虎，译.北京：华夏出版社，1990.

[118] 萨特.存在主义的人道主义 [M].周煦良，译.上海：上海译

文出版社，2005.

［119］全增嘏.西方哲学史（上、下）［M］.上海：上海人民出版社，1983.

［120］刘小枫.拯救与逍遥［M］.上海：华东师范大学出版社，2011.

［121］刘小枫.20世纪西方宗教哲学文选（上、下）［M］.杨德友，董友，译.上海：上海三联书店，1991.

［122］吕大吉.西方宗教学说史（上、下）［M］.北京：中国社会科学出版社，1994.

［123］傅乐安.当代西方著名哲学家评传（第六卷）［M］.济南：山东人民出版社，1996.

［124］杜丽燕.尚新建回归自我：20世纪西方人道主义与反人道主义［M］.北京：华夏出版社，2008.

［125］杜丽燕.爱的福音：中世纪基督教人道主义［M］.北京：华夏出版社，2005.

［126］杜丽燕.人性的曙光：希腊人道主义探源［M］.北京：华夏出版社，2005.

［127］汤普逊.理解俄国：俄国文化中的圣愚［M］.杨德友，译.北京：生活·读书·新知三联书店，1998.

［128］中国社会科学院哲学研究所《国内哲学动态》编辑部编.人性、人道主义问题讨论集［M］.北京：人民出版社，1983.

［129］尼采.权力意志［M］.孙周兴，译.北京：商务印书馆，2007.

［130］冯绍雷.20世纪的俄罗斯［M］.北京：生活·读书·新知三联书店，2007.

［131］列宁全集（第19卷）［M］.北京：人民出版社，1989.

［132］海德格尔选集（上）［M］.孙周兴，译.上海：上海三联书店，1996.

### 三、中文论文

［1］谢·弗兰克，马寅卯.俄国哲学的本质和主题［J］.世界哲学，1996（3）：35－41.

［2］谢·弗兰克，子樱.哲学与宗教［J］.哲学译丛，1991（4）：33.

［3］霍鲁日，张百春.静修主义人学［J］.世界哲学，2010（2）：92－100.

［4］霍鲁日，张百春.协同人学与人的展开范式［J］.世界哲学，2010（2）：101－109.

［5］霍鲁日，张百春.拜占庭与俄国的静修主义［J］.世界哲学，2010（2）：83－91.

［6］霍鲁日，张百春.俄国哲学的产生［J］.俄罗斯文艺，2010（1）：57－65.

［7］霍鲁日，张百春.什么是东正教思想［J］.俄罗斯文艺，2011（4）：69－75.

［8］霍鲁日，张百春.西方古典人学的危机及其现状［J］.求是学刊，2010（2）：5－19.

［9］詹姆斯·斯坎兰，马寅卯.俄罗斯哲学及其在俄罗斯民族复兴中的作用［J］.世界哲学，1998（1）：48－54.

［10］B.C.斯焦平，安启念，蔡永宁.今日俄罗斯哲学：现在的问题与对过去的评价［J］.世界哲学，1999（1）：32－39.

［11］A.A.卡拉—穆尔扎，A.C.帕纳林，И.K.潘金.俄国有摆脱精神危机的出路吗？［J］.世界哲学，1998（1）：36－47.

［12］A.T.巴甫洛夫，徐凤林.俄国哲学的特色问题［J］.世界哲学，1995（1）：77－81.

［13］Л.诺维克娃，И 希泽姆斯卡娅，子樱.俄国历史哲学的范式［J］.世界哲学，1998（3）：29－38.

［14］Ю.克拉辛，林山.马克思主义的危机与马克思主义传统在社会思想史中的地位［J］.世界哲学，1994（2）：40－44.

［15］А.А.加拉克季奥诺夫 Д.Д.尼康德洛夫.俄国哲学的特点和发展历程［J］.世界哲学，1992（2）：.

［16］索洛维耶夫，徐凤林.论中世纪世界观衰落的原因［J］.世界哲学，2001（1）：9－14.

［17］张百春.论俄罗斯哲学的宗教性质及其悖论［J］.求是学刊，2009（9）：.

［18］张百春.俄罗斯哲学及其现状［J］.哲学动态，2007（4）：70－71.

［19］张百春.十八世纪俄国的宗教哲学［J］.哈尔滨师专学报，1996（2）：34－38.

［20］张百春.弗洛罗夫斯基神学思想概述［J］.哈尔滨学院学报，2002（1）：13－14.

［21］张百春.别尔嘉耶夫神学思想概述［J］.哈尔滨师专学报，2000（3）：15－22.

［22］张百春.论俄国宗教哲学传统［J］.社会科学辑刊，2006（4）：4－9.

［23］张百春.弗洛林斯基的神正论［J］.哈尔滨师专学报，1999（3）：28－37.

［24］马寅卯.白银时代俄罗斯宗教哲学的思想路向和主要贡献［J］.浙江学刊，1999（6）：25－32.

［25］马寅卯、孙延臣.俄罗斯宗教哲学与马克思主义［J］.浙江学刊，2004（2）：19－28.

［26］马寅卯.别尔嘉耶夫论俄国知识分子［J］.博览群书，2002（4）：7.

［27］马寅卯.俄罗斯思想家对"进步"理念的反思［J］.浙江学刊，2010（5）：11－16.

[28] 陈树林.俄罗斯新保守主义文化思潮及其影响 [J].山东社会科学, 2013 (11)：24-31.

[29] 陈树林.弗兰克对 20 世纪初俄国文化危机的回应 [J].世界哲学, 2009 (6)：136-145.

[30] 陈树林.俄罗斯的选择与俄罗斯哲学使命 [J].社会科学辑刊, 2006 (1)：17-22.

[31] 陈树林.东正教信仰与俄罗斯命运 [J].世界哲学, 2007 (4)：38-46.

[32] 陈树林.俄罗斯东正教的本土化特征 [J].求是学刊, 2009 (5)：17-23.

[33] 陈树林.文化哲学视阈下的基督教人本主义思想 [J].学术交流, 2005 (5)：13-17.

[34] 陈树林.20 世纪西方文化危机的神学批判 [J].江海学刊, 2005 (2)：224-229.

[35] 徐凤林."俄罗斯思想"及其现代境遇 [J].浙江学刊, 1997 (4)：92-95.

[36] 徐凤林.弗兰克的基督教人学 [J].浙江学刊, 1999 (6)：11-16.

[37] 徐凤林.俄罗斯哲学的"精神世界"[J], 社会科学辑刊, 2006 (4)：12-17.

[38] 徐凤林.人的生命是走向完善的理念：索洛维耶夫人学思想述评 [J].学习与探索, 2008 (5)：40-44.

[39] 徐凤林.俄罗斯哲学研究的两个维度 [J].浙江学刊, 2007 (5)：26-33.

[40] 徐凤林.洛斯基及其直觉主义 [J].郑州大学学报 （哲学社会科学版）, 2002 (5)：88-91.

[41] 雷永生.论 C.弗兰克对人道主义思想的梳理 [J].中国青年政治学院学报, 2003 (5)：69-73.

［42］雷永生.谈谈人道主义问题［J］.中国青年政治学院学报，1994
（4）：60－62.

［43］雷永生.弗兰克伦理学的警世意义［J］.博览群书，2001（6）：
4.

［44］雷永生.弗兰克伦理学之启示［J］.中国青年政治学院学报，
2000（1）：91－93.

· ［45］雷永生.他们为什么呼吁人道主义——19世纪至20世纪初俄罗
斯人道主义思潮简析［J］.中国青年政治学院学报，2007（6）：76－81.

［46］安启念.俄罗斯宗教哲学述介［J］.哲学动态，1995（12）：
39－42.

［47］安启念.现代化视域中的俄罗斯文化［J］.浙江学刊，2007
（3）：26－34.

［48］周来顺.弗兰克"人道主义的社会主义思想"研究［J］.佳木
斯大学学报，2010（4）：6-9.

［49］周来顺.对抗虚无主义与寻求拯救之途——白银时代宗教哲学
家对俄罗斯文化观的重构［J］.求是学刊，2011（6）：36－41.

［50］李小桃，李尚德.俄国宗教哲学的寻神运动［J］.现代哲学，
2004（3）：118－122.

［51］车玉玲.抗击虚无主义：俄罗斯宗教哲学的主要维度［J］.哲学
动态，2006（11）：48－51.

［52］车玉玲.神圣与神秘主义：俄罗斯文化的主要维度［J］.求是学
刊，2012（5）：13－17.

［53］王萍.俄罗斯白银时代宗教哲学的文化重建及其意义［J］.学术
交流，2010（6）：25－29.

［54］王萍.俄罗斯宗教哲学特点浅析.学术交流［J］.2006（12）：
19－21.

［55］金娜.弗兰克宗教哲学中的神人性思想［J］.西伯利亚研究，
2011（2）：62－65.

［56］金娜. 舍勒和弗兰克基督教人学理论比较［J］. 西伯利亚研究，2011（4）：44-47.

［57］王清华. 当前俄罗斯哲学研究的12个热点［J］. 社会科学文摘，1995（8）：21-22.

［58］刘琨. 论梅列日科夫斯基新基督教思想中的历史和文化哲学问题［J］. 世界宗教研究，2012（2）：106-111.

［59］王志耕. 神正论与现实视野的开拓：陀思妥耶夫斯基诗学综论［J］. 外国文学评论，2000（2）：95-105.

［60］金可溪. 苏联学者人道主义观的变化［J］. 马克思主义研究，1997（6）：79-85.

［61］刘叔春. 俄国"文化领域的马克思主义"圆桌会议综述（下）［J］. 国外理论动态，2005（5）：6-9，22.

［62］赵林. 论德国哲学的神秘主义传统［J］. 文史哲，2004（5）：128-133.

［63］陆月宏. 尼采的虚无主义批判之批判［J］. 南京工业大学学报（社会科学版），2008（2）：16-21.

［64］魏颖. 善与恶：存在与非存在——圣托马斯·阿奎那神正论评析［J］. 中山大学研究生学刊（社会科学版），2008（4）：15-21.

［65］陈雷. 俄国宗教哲学家关于生命的精神认识之维［J］. 黎明职业大学学报，2006（1）：49-52.

［66］朱达秋. 俄罗斯精神内核与东正教［J］. 四川外语学院学报，2003（7）：143-147.

［67］张清.《人和国家》合理化问题探析［J］. 才智，2010（29）：170.

［68］刘素民. 马里坦"新人道主义"视域中的"存在"论［J］. 东南学术，2006（5）：104-109.

［69］陈甫金. 马利坦的"完整的人道主义"述评［J］. 华南师范大学学报（社会科学版），1997（4）：51-55.

［70］邓志伟.浅析 E.弗洛姆人道主义宗教思想［J］.中南林业科技大学学报（社会科学版），2011（5）：12-15.

［71］张奎良.论人的价值尺度［J］.学习与探索，1985（2）：17-24.

［72］张奎良.关于马克思人的本质问题的再思考［J］.哲学动态，2011（8）：5-11.

［73］张奎良.以人为本的世界历史意义［J］.天津社会科学，2006（3）：4-10.